VIE

DE

SAINT PRIVAT,

MARTYR,

PREMIER ÉVÊQUE ET PATRON DU GÉVAUDAN,

DIOCÈSE DE MENDE.

PAR L'ABBÉ RABEYROLLE,

VICAIRE-GÉNÉRAL.

Hic est, qui fuit..... cum patribus nostris : qui accepit verba vitæ dare nobis.

Il a été avec nos pères, et il a reçu des paroles de vie pour nous les donner. (*Act. des Ap.*, 7. 28.)

A PARIS,

CHEZ PILLET AINE, IMPRIMEUR-LIBRAIRE,

RUE DES GRANDS-AUGUSTINS, N° 7.

—

1837.

VIE

DE SAINT PRIVAT,

MARTYR.

PROPRIÉTÉ DE L'ÉDITEUR.

Tout contrefacteur sera poursuivi, conformément à la loi.

DE L'IMPRIMERIE DE PILLET AINÉ,
Rue des Grands-Augustins, n. 7.

VIE

DE

SAINT PRIVAT,

MARTYR,

PREMIER ÉVÊQUE ET PATRON DU GÉVAUDAN,

DIOCÈSE DE MENDE.

PAR L'ABBÉ RABEYROLLE,

VICAIRE-GÉNÉRAL.

Hic est, qui fuit..... cum patribus nostris: qui accepit verba vitæ dare nobis.

Il a été avec nos pères, et il a reçu des paroles de vie pour nous les donner. (*Act. des Ap.*, 7. 28.)

A PARIS,

CHEZ PILLET AÎNÉ, IMPRIMEUR-LIBRAIRE,

RUE DES GRANDS-AUGUSTINS, N° 7.

1837.

A

MONSEIGNEUR DE LA BRUNIÈRE,

ÉVÊQUE DE MENDE.

MONSEIGNEUR,

Personne ne vénère plus que vous la mémoire de S. Privat, patron de votre diocèse, et votre illustre prédécesseur.

Depuis que vous gouvernez l'Eglise qu'il a fondée, vous saisissez toutes les occasions pour le faire honorer et pour augmenter, envers lui, la piété et la confiance de votre peuple.

Souvent on vous a vu gravir la montagne, qui porte son nom, pour aller célébrer le saint sacrifice dans la sacrée grotte qui lui servait de retraite, et mettre tous vos diocésains sous sa puissante protection.

Permettez que la nouvelle Histoire de sa vie paraisse sous vos auspices. Le récit de ses vertus, des œuvres de son zèle et de sa charité ; rappellera celles qui, dans la personne de ses successeurs, ont, de siècle en siècle, jusqu'à nos jours, illustré le siége de Mende.

Je suis avec le plus profond respect,

MONSEIGNÈUR,

De Votre Grandeur,

Le très-humble et très-obéissant serviteur,

RABEYROLLE,
Vicaire-général de Mende.

AVIS AU LECTEUR.

————

IL ne se passe guère d'année, qu'on n'entende parler, dans le diocèse de Mende, de quelque guérison extraordinaire obtenue par l'intercession de S. Privat.

Malheureusement, depuis long-tems on avait négligé de recueillir les dépositions des fidèles sur une multitude de faits glorieux à la mémoire de ce saint Martyr.

Monseigneur de la Brunière vient de mettre fin à un tel état de choses. Il a commis, dans diverses parties de son diocèse, des curés recommandables pour informer sur plusieurs guérisons, qui, à différentes époques, ont excité, d'une manière particulière, l'étonnement et l'admiration du public.

Cette mesure a produit des procès-verbaux, parfaitement en règle, dont nous donnerons la substance dans la nouvelle Histoire de la vie et des miracles de l'illustre Patron du Gévaudan.

Puisse le récit des anciennes et récentes merveilles, que nous rapporterons, augmenter la piété des fidèles, et leur bien faire comprendre de quel crédit, de quelle puissance jouit, auprès de Dieu,

le saint Apôtre qui porta la foi dans nos contrées,
et qui, du haut du ciel, veille sur la conservation
de ce sacré dépôt!

Les notes, qui se trouvent au bas des pages, met-
tront le lecteur à même de connaître l'époque où
S. Privat exerçait, dans le Gévaudan, son glorieux
ministère, le lieu de son martyre, de sa sépulture,
et bien des circonstances relatives à ses saintes reliques et à ses miracles, que beaucoup de fidèles
ignoraient.

Pour rendre plus commode et plus utile ce petit
ouvrage, que le conseil de plusieurs ecclésiastiques,
dont nous respectons les lumières et vénérons les
vertus, nous a déterminé à mettre au jour, nous y
avons inséré des Prières de la sainte Messe, les
Vêpres du dimanche, la manière de faire une Neuvaine en l'honneur de S. Privat, une Note des différentes indulgences accordées par les Souverains
Pontifes à ceux qui visitent les chapelles où il est
spécialement invoqué, les Offices de S. Privat, et
une Messe votive.

VIE
DE SAINT PRIVAT.

CHAPITRE PREMIER.

De la Vie, des circonstances et de l'époque du Martyre de S. Privat.

———

Quand nous honorons la mémoire des Saints, quand nous faisons leur éloge au jour de leur fête, nous travaillons bien moins pour leur gloire que pour notre propre utilité.

Les Saints, dit S. Basile-le-Grand, n'ont pas besoin de nos louanges, mais nous avons besoin de leur exemple; leurs vertus nous servent de modèle, et l'histoire de leur vie nous apprend comment nous devons régler la nôtre. Comme le feu échauffe et produit naturellement la lumière, de même le seul récit des actions des Saints éclaire les esprits et touche les cœurs; ce récit, du reste, doit être fidèle, exact et renfermé dans la vérité des faits. Nous tâcherons de ne pas nous écarter de cette règle. En écrivant la vie de S. Privat, nous n'avancerons rien que nous ne trouvions auto-

2

risé par des historiens dignes de foi, ou par d'autres preuves incontestables.

Les Gaules eurent le bonheur de recevoir le don de la foi dès les premiers siècles de l'Eglise. Depuis surtout que les Pothin, les Irénée et d'autres ouvriers apostoliques avaient apporté l'Evangile en deçà des Alpes, le royaume de Jésus-Christ s'y établissait rapidement sur les ruines de l'idolâtrie.

Vers le milieu du troisième siècle, S. Fabien, qui occupait la chaire de S. Pierre, envoya dans notre France sept nouveaux Evêques pour y étendre les conquêtes de la foi. Ces saints Pontifes prêchèrent l'Evangile avec un zèle que couronna le plus heureux succès ; ils fondèrent des églises, ils établirent des Evêques dans un grand nombre de provinces, et en envoyèrent d'autres combattre l'idolâtrie et faire connaître Jésus-Christ dans les lieux qu'ils ne pouvaient évangéliser eux-mêmes.

L'un d'entr'eux, S. Martial, apôtre de l'Aquitaine, forma S. Privat au ministère apostolique, lui conféra le caractère du sacerdoce et de l'épiscopat, et lui donna la mission de convertir à la foi les peuples appelés *Gabales* (1).

---

(1) M. de Cantalause, dans ses Mémoires pour le chapitre de Mende, imprimés en 1775, page 15, s'exprime ainsi : « Les monumens de l'histoire, ainsi » que les archives de l'Evêché et chapitre de Mende, » attestent également la vérité de l'apostolat du

Suivant une ancienne tradition, S. Privat était originaire d'un village de la basse Auvergne nommé Coude, situé sur la route du Gévaudan à Clermont. On ne sait rien de l'éducation qu'il avait reçue avant de s'attacher à S. Martial en qualité de disciple, ni même si ses parens étaient chrétiens ou infidèles. Plusieurs historiens s'accordent à dire que sa famille était noble, et qu'il l'illustra encore lui-même par la réputation que lui acquirent ses vertus apostoliques.

Combien on doit regretter que la distance des tems ait couvert d'un voile impénétrable une multitude d'actions des premières années du saint Evêque : elles étaient sans doute bien édifiantes, bien dignes de servir de modèle à la jeunesse de tous les siècles. Ce qu'il y a de certain, c'est que la vivacité de sa foi, l'ardeur de son zèle et la sainteté de sa vie, le firent choisir pour Evêque du Gévaudan ; il fut le fondateur de cette Église ; il en est encore aujourd'hui le patron, l'ange tutélaire, et on l'invoque partout comme un des plus illustres Martyrs des premiers siècles.

Il n'eut pas plutôt reçu la consécration épis-

» Martyr S. Privat et du siècle où il vécut. Tout se
» réunit à nous apprendre que S. Martial envoya
» S. Privat dans le Gévaudan pour y prêcher la foi,
» que celui-ci en fut le premier Evêque et y souffrit
» le martyre en 262. S. Grégoire, de Tours, atteste
» ce fait, et, après lui, les meilleurs critiques. »

copale; que, renonçant aux biens de la fortune, se détachant de tout ce qu'il y a de plus doux dans la société, de ses parens, de ses amis, de l'usage même des plaisirs innocens, de tout ce que les autres désirent avec plus d'ardeur, recherchent avec plus d'empressement, il se dirigea vers les montagnes, où l'appelaient les ordres de son Dieu et l'amour de ses frères. C'est ainsi qu'agissent toujours les véritables serviteurs de Jésus-Christ : ils ne s'en tiennent point à des paroles, à des désirs vagues et stériles, ils mettent la main à l'œuvre, ils font le sacrifice de tout pour le servir et pour lui plaire.

Le Gévaudan était alors rempli d'idolâtres : les Druïdes, prêtres des faux dieux, y enseignaient les doctrines les plus monstrueuses et les plus révoltantes. Les peuples de ces contrées, également superstitieux et cruels, au rapport des historiens profanes eux-mêmes (1), étaient si aveugles, que non contens d'adorer le soleil et de lui offrir des victimes humaines dans leurs sacrifices publics, ils adoraient encore des simulacres de bois ou de pierre, des animaux immondes et les démons eux-mêmes (2). Chacun se faisait des dieux analogues à la corruption de son cœur. Leurs cérémonies religieuses n'étaient que d'abominables pra-

---

(1) Cicero, pro Fonteio. Plin. L. 38. Voyez aussi Turius Jornandes.

(2) Dœmonum cultus, simulacra divum. (Hymne.)

tiques ; leurs temples, que des lieux de prostitution ; leurs autels, que des échafauds sur lesquels ils égorgeaient leurs semblables.

Selon Diodore de Sicile, ils brûlaient les corps des morts, et avec eux les meubles les plus précieux, les esclaves, les cliens, et les animaux même pour lesquels ils avaient témoigné plus d'attachement et d'inclination pendant la vie (1). Quel spectacle ! quelles horreurs ! Mais quelle douleur pour le cœur de notre saint Apôtre ! Aussi le zèle de Paul ne fut pas plus enflammé à la vue d'Athènes toute payenne, que celui de Privat à la vue du Gévaudan couvert de ténèbres si épaisses et souillé de tant de crimes.

Résolu à souffrir les afflictions, les opprobres, les tourmens, la mort même, pour accomplir la sainte volonté de Dieu et procurer sa gloire, il entre dans les villes, dans les bourgades, et, la croix de Jésus-Christ à la main, il prêche avec force les dogmes sacrés de notre sainte Religion, ses mystères adorables, et tous les préceptes de sa divine morale. Il démasque toutes les extravagances de la superstition, toutes les abominations de l'idolâtrie, il flétrit tous les vices, il préconise toutes les vertus, et les leçons qu'il donne, il les confirme toujours par ses exemples (2).

---

(1) V. Dom Vaissette.
(2) Totus apostolicis se tradit muneribus ; quod

Un zèle si ardent lui suscite bientôt les plus violentes persécutions. L'enfer s'arme de toute sa rage, les démons accourent en foule à la défense de leur empire ; les prêtres des faux dieux, si attachés à leurs erreurs, et si intéressés à les soutenir, soulèvent les peuples, excitent la haine des magistrats, et tous ensemble conjurent la perte du saint Évêque (1). Mais vains efforts ! Dieu avait des vues de miséricorde sur le peuple du Gévaudan, et il inspirait à son Ministre un tel courage, il l'armait d'une telle force que rien n'était capable de ralentir son zèle, rien ne pouvait l'empêcher de remplir sa mission dans toute son étendue.

L'Eglise lui met dans la bouche ces belles paroles du grand Apôtre : « Je ne crains rien de tous les obstacles qu'on me suscite et de tous les dangers qui me menacent, pourvu que je fournisse saintement ma course, et que je remplisse dignement le ministère que j'ai reçu du Seigneur Jésus (2).

Son âme, remplie de la grâce du S. Esprit, est plus forte que la mort. Aussi sa résolution est prise, elle est inébranlable : il faut que la nation qui lui est échue se soumette à l'empire

---

prædicat cœlicis hoc monstrat virtutibus. (Prose).

(1) Hic labor magnus ; sed enim feroces, et reluctantes populos doceri, et Jugo Christi tibi pœna major, subdere gentes. (Hymne.)

(2) Nihil horum vereor, etc. (Act. 20, 24.)

de Jésus-Christ ; il faut que ces barbares deviennent ses enfans en devenant enfans de l'Eglise. Jusque là, sa charité sera plus active que leur malice, son amour plus constant que leur haine, il leur donnera la foi aux dépens de son sang (1).

Si la fureur de ses ennemis le force de s'éloigner des villes et des bourgs plus habités, le bon Pasteur n'en court pas moins après les brebis égarées ; il franchit les rivières, marche à travers les précipices, erre dans les montagnes, méprisant le danger des embûches, les horreurs de la faim, de la soif et de la misère pour chercher ses frères, les convaincre de la fausseté de leur culte et les attirer à la religion de Jésus-Christ.

Les rives de l'Allier, du Lot et du Tarn n'étaient alors que d'épaisses forêts sans chemins, sans communications, remplies d'animaux carnassiers, de bêtes féroces ; il les parcourt avec d'incroyables peines, d'immenses dangers. Il prêche à tous ceux qu'il rencontre la parole de vie, il presse, il conjure tous les pauvres habitans des campagnes de recevoir la grâce du salut, d'adorer en esprit et en vérité leur créateur et leur père (2).

Bien convaincu que la conversion des peu-

_____

(1) Non cessas tamen cupidus vicissim fundere vitam. (Hymne.)

(2) Quantâ nixus operâ verbo potens effera ut corda subigeret. (Prose.)

ples est l'œuvre de la grâce, S. Privat ne se contentait pas de se livrer à de si grands travaux, à de si grands efforts de zèle et de charité, il employait encore d'autres moyens bien puissans pour renverser l'empire de l'idolâtrie et avancer le règne de Jésus-Christ.

Les larmes, les jeûnes, les gémissemens de la prière étaient les armes dont il se servait pour porter le dernier coup à l'erreur et au vice (1).

Tous les auteurs qui ont parlé de lui, s'accordent à dire qu'il se retirait de tems en tems dans une caverne qui se trouve presqu'au sommet d'une montagne au dessus de Mende. Là, dit S. Grégoire de Tours, il répandait son âme devant Dieu, en le conjurant d'éclairer lui-même les esprits, de toucher les cœurs, de verser sur son peuple la rosée de ses grâces, l'abondance de ses bénédictions.

Là, il s'offrait en holocauste pour les pécheurs, en se livrant à tout ce que les rigueurs de la mortification ont de plus austère. Telle était la vie de ce saint Apôtre, vie de foi et de zèle, vie de recueillement et de retraite, vie d'oraison et de pénitence.

Sa charité, son courage, son désintéressement, sa ferveur, sa constance adoucissent enfin ses ennemis les plus acharnés : peu à peu les préjugés se dissipent, les émotions popu-

---

(1) Fugat radiantibus errores eloquiis, tum fletu, laboribus, votis et jejuniis. (Prose.)

laires s'apaisent, les haines se calment, et ces peuples d'abord si barbares, si obstinés, se rendent enfin attentifs à sa voix (1). Ils écoutent enfin avec docilité les saintes vérités qu'il leur annonce, et bientôt ils lui demandent avec empressement à devenir enfans de Dieu, enfans de l'Eglise par la grâce du saint baptême (2).

Les révolutions des tems n'ont pas permis que les détails des triomphes du saint Apôtre soient parvenus jusqu'à nous. Dieu l'a sans doute voulu ainsi pour nous faire comprendre que le tems dévore tout ; que les événemens les plus heureux, les circonstances des succès même les plus éclatans tombent bientôt dans l'oubli et s'effacent vite de la mémoire des peuples ; mais il les a écrits dans le livre de vie, et pour la gloire de son serviteur il les montrera au jour du jugement à l'univers assemblé.

Nous savons cependant que, vaincue par la parole sainte, la nation se soumit avec empressement au joug de Jésus-Christ (3).

Nous savons que tant de sueurs, tant de larmes et de sacrifices furent couronnés par une abondante moisson, et qu'une Eglise nombreuse se forma autour de lui (4).

---

(1) Audit vocem grex pastoris.
(2) Fera corda mansuescunt, fides crescit et vilescunt numina mendacia.
(3) Gens spontè suâ vincitur, cedit verbi gladio.
(4) Fit seges ampla laboris fit nascens ecclesia.

Nous savons que les temples des idoles furent détruits, les autels du paganisme renversés, la croix de Jésus-Christ arborée et triomphante.

Nous savons que nos pères rougirent de la honte de leurs vices, de l'ignominie de leurs passions, qu'ils renoncèrent à l'idolâtrie, tombèrent aux pieds de Jésus-Christ, le reconnurent pour leur créateur, lui obéirent comme à leur maître, l'adorèrent comme leur Dieu, et s'empressèrent de porter à ses autels des sacrifices dignes de la pureté de son culte (1).

Nous savons que le Dieu du Ciel, ignoré jusque là dans le Gévaudan par ses ingrates créatures, reçut leurs hommages, posséda leurs affections, et régna sur leurs cœurs en souverain et en père.

Après une victoire si éclatante sur le démon et sur l'enfer; après une conquête si glorieuse pour Jésus-Christ et pour son Eglise, un peu de calme succéda à tant de tempêtes; mais le saint Evêque n'en continua pas moins ses travaux apostoliques. Toujours vigilant et infatigable, toujours plein de zèle et de charité, il se rendait de jour en jour plus recommandable par ses prédications, par ses exemples, par toutes ses œuvres.

Son siége était fixé à Javols, aujourd'hui lieu peu considérable, mais alors ville princi-

(1) Dîs jam pudet immolare, ruunt fana, jacent aræ, Deo gestit gens litare puro sacrificio.

pale de la province et capitale du Gévaudan (1).
De là, il se répandait dans toutes les parties
de son diocèse pour donner à ses néophytes de
nouvelles instructions, les affermir dans la
foi, les exhorter à la concorde, à la charité,
à la pratique de tous les devoirs, de toutes
les vertus du christianisme ; pour ouvrir les
yeux à ceux qui étaient encore ensevelis dans
les ténèbres de la superstition et détruire les
restes de l'idolâtrie ; se faisant tout à tous,
comme le grand Apôtre, pour les gagner tous
à Jésus-Christ.

Tant de bien opéré pour la gloire de Dieu et
le salut des ames enflamma bientôt l'enfer
d'une nouvelle rage, et suscita au saint Apôtre
de nouvelles angoisses, de nouvelles tribulations.

Valérien et Gallien, son fils, occupaient
alors le trône des Césars. Ces empereurs,
plongés dans la mollesse et ne respirant que
le plaisir, tandis que tout le monde gémissait
sous le poids des guerres et des calamités publiques, n'opposaient presque aucune résistance aux incursions des barbares et aux en-

----

(1) Les premiers Evêques de Mende n'ont pas
siégé dans cette ville, qui n'était autrefois qu'un
village, mais à *Gabalum* ou Javols, ancienne capitale du Gévaudan. Aussi, c'est sous ce titre de
Gabalum, ou *Gabalorum*, ou *Gabalitanorum*,
qu'on trouve les noms des Evêques jusqu'à l'an 998.
(Père Richard, *Dict. univers.*)

treprises des factions. Profitant de cette faiblesse et des divisions de l'empire, un prince, que l'histoire nomme Crocus, passe le Rhin avec une armée formidable et se répand dans les Gaules comme un torrent.

Tous les historiens représentent ce Crocus comme un monstre de cruauté et de barbarie.

S. Amatius, évêque d'Avignon, parlant à son peuple, peu de tems après le martyre de S. Privat, et au moment où ses meurtriers assiégeaient la ville d'Avignon elle-même, l'appelait, lui et ses soldats, des bêtes féroces, et les plus cruels ennemis du nom chrétien. D'après ce saint Pontife, ils avaient couvert la Gaule de sacriléges horribles et de toute sorte de crimes ; ils avaient dévasté un grand nombre de provinces, immolé plusieurs Evêques, vénérables par leur âge, leur sainteté, leur doctrine, entre autres Privat du Gévaudan ; ils avaient incendié les villes, renversé les temples, brisé les autels, fait périr par le feu et les tortures un nombre incroyable de prêtres, d'hommes libres, de femmes, d'enfans et de jeunes vierges. Ils avaient égorgé des populations entières sans distinction de rang ni de condition (1).

Alarmé aux approches de ce chef, non moins barbare que ses soldats, Privat ne se dissimule pas les malheurs qui menacent son troupeau et le sort qui lui est réservé. Il con-

---

(1) Gallia chris. instru. Ecclesiæ aveni.

jure le ciel d'éloigner une si horrible tempête ; mais Dieu, dont les desseins sont impénétrables, n'exauce pas les soupirs de son cœur. Il permet que l'Eglise du Gévaudan, nouvellement établie, soit éprouvée par le feu d'une violente persécution, afin qu'elle ait ses martyrs, et que leur sang répandu devienne la semence de nouveaux fidèles.

D'ailleurs, jusque là, presque tous les hommes apostoliques avaient eu le bonheur de mourir victimes de leur zèle et de leur charité. Privat vivait de la même foi, respirait le même zèle, était animé de la même charité, Dieu voulut lui accorder la même récompense, la même couronne.

Le danger devenant, de jour en jour, plus imminent, le saint Pasteur exhorte son peuple à se préparer au combat par le jeûne, par la prière, et à subir la mort plutôt que de renoncer à sa foi.

Dirigés par la prudence et animés par les discours de leur saint Evêque, les principaux du pays sont résolus d'opposer aux barbares la plus vive résistance ; ils se retirent sur la montagne de Grèzes, qui, étant isolée de tout côté, leur paraissait inaccessible. Ils s'y fortifient avec beaucoup d'art et se munissent d'une quantité considérable de provisions de guerre et de bouche.

Confians dans ces sages précautions et surtout dans les prières du saint Apôtre, ils sont prêts à verser leur sang et à donner leur vie, plutôt que de se livrer aux féroces ennemis de l'humanité et du christianisme.

Pleins de mépris pour une résolution si généreuse, et transportés de colère à la vue d'un obstacle auquel ils ne s'étaient point attendus, les barbares se hâtent d'assiéger la place qui ose leur résister (1). Ils mettent en usage toutes leurs forces, toutes leurs ressources; mais la défense est aussi vigoureuse, aussi opiniâtre que les attaques sont vives et multipliées.

Privat est sur la montagne, il lève les mains au ciel comme Moïse, et comme lui il assurera la victoire à son peuple. Il offre au Dieu des armées, des larmes, des jeûnes, des mortifications de toute espèce pour ses enfans, et s'écrie sans cesse : Levez-vous, Seigneur, ne livrez pas à une nation infidèle et féroce un peuple soumis à vos saintes lois.

Les prières du saint Pasteur furent si efficaces, que les assiégés se montrèrent invincibles. Leur fermeté était telle, que, désespérant de les soumettre par la force des armes, les barbares veulent essayer de les réduire en se saisissant de leur Pontife, dont la réputa-

(1) Dom Vaissette, dans le T. 1er de son *Histoire du Languedoc*, p. 155, dit, d'après plusieurs autres historiens, que les barbares s'étaient emparés de la ville de Javols, et qu'ils l'avaient entièrement ruinée, avant de s'avancer vers la montagne de Mende et celle de Grèzes.

tion de courage et de sainteté s'était répandue jusque dans leur camp. A force de recherches, ils découvrent enfin le lieu de sa retraite, s'emparent de sa personne et le somment de persuader à son peuple de mettre bas les armes.

Que ces barbares connaissaient mal le cœur de S. Privat ! S'ils avaient su qu'il avait une soif ardente du martyre, qu'il brûlait du désir de verser son sang pour Jésus-Christ, lui au-raient-ils fait l'injure de le croire capable de trahir son Dieu et de livrer son troupeau à des loups écumans de rage, à des bourreaux al-térés de sang ?

Soutenu par l'exemple de tant de généreux athlètes qui l'avaient précédé ; animé par le souvenir de leurs combats et de leurs triom-phes, il s'estime, heureux de pouvoir marcher sur leurs traces, d'être comme eux jugé digne de souffrir et de mourir pour Jésus-Christ.

Il répond donc à la horde forcenée : « Ce » que vous demandez de moi est indigne d'un » évêque et d'un père. A l'exemple de Jésus-» Christ, mon Seigneur et mon maître, je » suis prêt à donner ma vie pour mes brebis, » plutôt que de céder à vos promesses ou à » vos menaces. » En entendant ces mots, ils se jettent sur lui comme des bêtes féroces, ils l'accablent de coups et lui prodiguent les plus révoltantes insultes.

Cependant la fureur des bourreaux n'est pas satisfaite, ils veulent le forcer à renier sa

foi et à adorer leurs viles idoles. Les prépara-
tifs d'un sacrifice impie sont faits à la hâte, et
ils s'efforcent, par les plus atroces menaces,
de le déterminer à l'offrir.

« Pourquoi n'adores-tu pas nos Dieux, lui
» disent-ils? est-ce que vos empereurs et leurs
» magistrats n'adorent point les idoles et ne
» contraignent pas les chrétiens à leur immo-
» ler des victimes? Si tu ne sacrifies, tu vas
» trouver la mort au milieu des tortures. »

« J'adore le Dieu du ciel et de la terre, ré-
» pond le saint vieillard, et je ne reconnais
» point d'autres Dieux. Ceux que vous adorez
» ne sont que de fausses divinités, d'impuis-
» sans simulacres, la plupart ouvrage de vos
» mains. Je sais que les empereurs romains
» les adorent, et ce sont les crimes de leur
» impiété et de leur idolâtrie qui attirent sur
» l'empire tant de malheurs. Pour moi, l'es-
» pérance des biens éternels me fait mépriser
» les supplices et les tortures. Tourmentez ce
» corps tant qu'il vous plaira, je ne puis me
» résoudre à être autre chose que ce que je
» suis, par la grâce du Seigneur Jésus (1). »

Cette confession claire et généreuse ranime leur fureur, ils fondent sur lui avec une
barbarie toute nouvelle; ils le déchirent inhumainement à coups de fouets, ils appliquent
sur son corps des lames de fer brûlant, ils le

_____

(1) V. Sur. et le Père Longueval.

brisent à coups de bâton, ils le torturent de mille manières jusqu'à ce que, entièrement épuisé de force, il semble ne plus respirer. Les bourreaux l'abandonnent alors, et confus de leur défaite, ils rejoignent leur armée.

Le sang et les souffrances du saint Martyr avaient enfin touché le cœur de Dieu, et la face des événemens fut changée en un instant.

Crocus et son armée, ennuyés de la longueur du siége, et manquant de vivres, demandèrent la paix aux assiégés, acceptèrent des conditions avantageuses au Gévaudan et s'éloignèrent aussitôt pour aller porter leurs armes, leurs dévastations et leurs brigandages dans d'autres contrées.

Les fidèles rendus à la liberté coururent en foule à la recherche de leur saint Pasteur, dont ils ignoraient la destinée, et aux prières duquel ils attribuaient le bienfait de leur délivrance.

Ils le trouvèrent seul, étendu sur la terre, les yeux fixés au ciel, sans parole et presque sans vie. La douleur fut alors à son comble. Les uns se précipitèrent à ses genoux, les autres couvrirent de leurs baisers les plaies qu'il avait reçues. Chacun eût voulu retenir, aux dépens de sa propre vie, un Pontife si vénéré, un père si tendre. Mais le saint Martyr, qui avait si vaillamment combattu à la vue des Anges et des hommes, qui avait donné des marques si éclatantes de fidélité envers Dieu, d'amour pour ses frères, accablé enfin

26   VIE DE SAINT PRIVAT.

par tant de souffrances, s'endormit du som-
meil des justes, le 21 du mois d'août 262 ou
265 (1).

---

(1) Quelques auteurs, entre autres Surius et Dom
Vaissette, pensent que S. Privat n'est mort qu'au
commencement du cinquième siècle. Cette opinion
n'est pas soutenable. Outre qu'elle est opposée à la
tradition, nous avons, pour le sentiment contraire,
l'autorité de S. Grégoire de Tours, de M. de Tillemont, de MM. de Sainte-Marthe, de M. de Fleuri,
du Père Longueval, de Baillet, de Baronius, et de
beaucoup d'autres graves et habiles critiques. Tous
ces auteurs soutiennent que S. Privat a souffert le
Martyre en 262, ou, pour le plus tard, en 265.

S. Grégoire de Tours et tous les historiens sans
exception, Dom Vaissette lui-même, conviennent
que S. Privat a été martyrisé par Crocus, roi des
Allemands; or, les plus habiles, tels que Casaubon
dans ses notes sur Pollion, M. du Bosquet dans son
histoire de l'Eglise gallicane, M. de Valois dans son
histoire de France et dans sa notice sur les Gaules,
Bucherius dans son histoire de la Belgique et autres,
mettent l'irruption de Crocus sous le règne de Gallien, assassiné à Milan en l'an 268. M. de Tillemont
avoue bien qu'il y a eu un Erocus ou Crocus, roi
des Allemands en 306; mais il ajoute qu'il n'y a pas
moyen de dire que ce soit celui dont parle S. Grégoire
de Tours.

D'ailleurs, comme l'observe le Père Longueval,
les paroles que les meurtriers de S. Privat lui adres-
sèrent, et les réponses qu'il leur fit, réfuteraient
seules l'opinion qui recule son martyre jusqu'au cinquième siècle. Si cette opinion était fondée, on n'aurait pas pu dire au Saint, et le Saint n'aurait pas pu
convenir que les Empereurs romains adoraient les

Ainsi finit la vie mortelle de notre saint Patron ; mais il vit dans le sein de Dieu, d'une vie d'immortalité, d'une vie de gloire et de

---

idoles, et qu'ils contraignaient les Chrétiens à les adorer, puisqu'en 313, le Grand Constantin publiait des édits en faveur des Chrétiens, et qu'en 325, le concile œcuménique de Nicée fut convoqué par ses soins et ses libéralités.

D'après M. du Bosquet, le Père Longueval et autres auteurs respectables, S. Ausone, évêque d'Angoulême, fut emporté par le même orage et immolé par les mêmes bourreaux que S. Privat ; or, selon les mêmes auteurs, S. Ausone était disciple de S. Martial et vivait dans le troisième siècle.

Enfin S. Privat est le premier Evêque du Gévaudan. Ce titre lui est assuré par la tradition la plus ancienne, par MM. de Tillemont, Baillet, et un grand nombre d'autres historiens, par plusieurs bulles d'Urbain V, par le cardinal Baronius, qui fit effacer du Martyrologe romain le nom de Sévérien, qu'on avait prétendu avoir été Evêque du Gévaudan et prédécesseur de S. Privat, tandis qu'il était Evêque de Gabalis, en Syrie. Ce titre lui est enfin assuré par M. de Choiseul, évêque de Mende, qui, en 1764, après les enquêtes les plus exactes et le plus mûr examen, supprima la fête de S. Sévérien, parce qu'on ne put lui trouver aucune place dans la chronologie des Evêques de Mende, et qu'il fut reconnu qu'on l'avait confondu avec l'Evêque de Gabalis, en Syrie.

Mais si S. Privat est le premier Evêque du Gévaudan, il est absurde de dire qu'il n'a vécu qu'au commencement du cinquième siècle, puisqu'en 314, on voit Genialis, diacre, député de l'Eglise du Gévaudan, souscrire au concile d'Arles en cette qualité.

bonheur. *Je suis la résurrection et la vie, celui qui croit en moi vivra, quoique mort. (S. Jean, 11, 25.)* Il vit aussi dans la mémoire des peuples d'une vie de respect et de reconnaissance, d'une vie de vénération et d'amour. On lui a élevé des temples, on lui a consacré des autels, on vient, en foule, l'invoquer sur la montagne arrosée de son sang et dans la grotte si souvent témoin de sa ferveur et de sa pénitence.

Des fêtes solennelles nous rappellent tous les ans ses travaux, ses combats, son triomphe et sa gloire.

On se prosterne devant ses reliques, reste précieux de sa mortalité; on se les dispute avec une sainte ardeur, parce qu'elles inspirent la plus vive confiance, et qu'elles produisent fréquemment des effets extraordinaires et miraculeux.

Il vit dans les fastes de l'Eglise universelle, et la vénération, attachée à sa mémoire, durera autant que la religion.

Puissent tous les fidèles du Gévaudan le faire revivre toujours par l'intégrité de leur foi, la pureté de leurs mœurs, et la sainteté de leurs œuvres !

S. Privat peut leur adresser à tous les paroles que le grand Apôtre adressait autrefois aux Corinthiens : N'êtes-vous pas mon ouvrage dans le Seigneur ! quand je ne serais pas Apôtre à l'égard des autres, je le serais au moins à votre égard. Vous êtes vous-mêmes le sceau

de mon apostolat; je suis votre père et vous
êtes mes enfans; c'est moi qui vous ai engen-
drés par la grâce de l'Evangile; soyez donc
mes imitateurs, comme je le suis de J.-C. (1).
Oui, que les habitans du diocèse de Mende
soient exacts à l'imiter! la meilleure manière
de l'honorer, de lui témoigner leur reconnaissance, c'est de marcher sur ses traces,
c'est d'imiter l'exemple de ses vertus. Qu'ils
imitent donc ce zèle ardent pour la gloire de
Dieu et le salut du prochain, qui dévorait son
ame! Qu'ils imitent son détachement entier
du monde et des créatures, son application
infatigable au saint exercice de la prière, sa
soumission dans les souffrances, son amour
pour Jésus-Christ, sa patience dans les croix,
les tribulations et les maux de cette vie!

Ils peuvent tous dire avec vérité : nous sommes les enfans de S. Privat. C'est lui qui an-
nonçant le Royaume de Dieu à nos Pères a
brisé les chaînes de notre esclavage, nous a
affranchis de la tyrannie des démons, nous a
arrachés des abîmes du crime, nous a sauvés
des horreurs de la damnation; or les enfans
des saints doivent pratiquer les vertus qu'ils
ont pratiquées, accomplir les œuvres qu'ils
ont accomplies, sans cela nous devons craindre
que ces illustres serviteurs de Dieu ne nous
désavouent pour leurs enfans et ne soient les

_____

(1) 1re aux Corint. 9. 2. — 4. 15,

2*

premiers au jour du Jugement à nous accuser,
à nous condamner (1).

CHAPITRE II.

*Du Lieu de la Sépulture, des saintes Reliques et
des Miracles de S. Privat.*

Après avoir donné un libre cours à leur affliction et avoir versé bien des larmes sur le
corps de leur Pasteur, les fidèles le placèrent,
avec toute la décence possible, dans une grotte
souterraine, afin de le soustraire à la fureur
des payens qui brûlaient les reliques des saints
Martyrs.

Ce tombeau devint célèbre dans la suite par
la fondation d'un grand monastère qui porta
le nom du saint Martyr, mais surtout par les
miracles sans nombre qui, au rapport de
Surius et autres, s'y opéraient presque tous
les jours (2).

_____

(1) Si filii Abrahæ estis, opera Abrahæ facite.
(Sanctus Joan. 8. 39.)

(2) L'auteur d'un livre intitulé *Passio et Miracula Sancti Privati*, que le chapitre conservait
dans ses archives avant la révolution de 1789, et qui,

L'éclat de tant de merveilles donna au village de Mende une grande importance et y fit transférer le siége épiscopal. Après cette translation, on retira le corps du saint Martyr de

selon M. de Cantalause, portait tous les caractères d'une haute antiquité, dit que S. Privat, arrêté dans sa grotte et chargé de chaînes, fut traîné vers le bas de la montagne; que c'est au lieu appelé aujourd'hui St-Ilpide qu'il fut frappé à coups de bàton, sur son refus de livrer son peuple, que, de là, il fut traîné au village de Mende, où l'on voulut qu'il offrît de l'encens aux idoles, et qu'ayant rejeté cette proposition avec horreur, il fut martyrisé.

Dom Vaissette, tom. 1, p. 155, et autres disent aussi que le corps de S. Privat fut inhumé au lieu même de son martyre; qu'on éleva à côté de son tombeau un monastère qui portait le nom du Saint, et dont S. Louvant, qui remporta la palme du martyre en 584, était abbé; que tout cela contribua beaucoup à augmenter la population de Mende et à y faire transférer le siége épiscopal qui, dans le principe, était à Javols.

Le sentiment de ces auteurs s'accorde parfaitement avec la tradition du pays. C'est donc à Mende que S. Privat a été martyrisé et enterré. On ne voit pas sur quoi pouvait être fondée l'opinion de ceux qui ont prétendu que le saint Évêque avait été traîné et martyrisé à Grèzes.

En 1805, des ouvriers, occupés à extraire de la pierre dans le quartier de St-Ilpide, découvrirent un cercueil en tùf, un arceau de porte, un fragment de bénitier et quelques chaînons de cilice. Tous ces objets indiquaient assez un édifice religieux, et nous croyons que c'est là l'emplacement du monastère qui fut bâti près du tombeau de S. Privat.

la grotte où il avait reposé pendant plusieurs
siècles. On l'enferma dans un cercueil de
plomb, et on le transporta en grande solennité dans le caveau d'une église dédiée à
Ste Thècle, Vierge et Martyre.

Cette église s'étant écroulée par la suite
des tems et ayant été entièrement démolie, le
terrain qu'elle occupait servit d'emplacement
à une partie du palais épiscopal, et de ses jar-
dins.

On oublia que le corps de S. Privat reposait
dans le caveau de l'édifice sacré dont on con-
sommait la ruine, et on l'y laissa enseveli sous
un énorme tas de décombres. Le souvenir
même de ce précieux trésor s'effaça peu à peu
de la mémoire des habitans du pays. Cet oubli si extraordinaire serait inexplicable, si on
ne supposait que des tems de troubles, de désordres, ou quelqu'autre raison qu'on ignore,
ont forcé les Evêques à tenir le saint dépôt soi-
gneusement caché et à dérober à la connaissance du public le lieu qui le renfermait. Dieu
permit tout cela, sans doute, pour glorifier
plus tard, par de nouveaux miracles, les restes
de son serviteur (1).

_____

(1) L'auteur du livre intitulé *Passio et miracula Sancti Privati*, dont nous avons déjà parlé,
donne une raison de cet oubli. Il dit que le roi Dagobert ayant fait bâtir l'Eglise de S. Denis près Paris,
et ayant entendu parler des miracles qu'opéraient
les reliques de S. Privat, les fit enlever et porter a

En l'année 1170, Aldebert III, évêque de Mende, surnommé le Vénérable, ayant ordonné des fouilles dans le lieu où avait existé l'église de Ste Thècle, on découvrit un caveau, conservé intact par une protection particulière de la Providence, dans lequel se trouvait le cercueil de plomb qui renfermait le corps du saint Evêque et plusieurs autres reliques. Ce caveau était long de douze pieds, large de

S. Denis. Les habitans de Mende firent tant d'instances qu'ils obtinrent dans la suite que leur précieux trésor leur fût rendu. Ce fut un M. de Cloberts qui le rapporta à Mende. Ces saintes reliques furent cachées une seconde fois, par la crainte d'un second enlèvement. L'auteur ajoute que les grands miracles opérés à Orléans et à Bourges, lors du passage du corps du saint Martyr, furent cause qu'on y bâtit plusieurs églises en son honneur.

Il est de fait qu'il existe encore aujourd'hui des églises dans les diocèses d'Orléans, de Bourges et de Soissons, qui reconnaissent S. Privat, évêque et martyr du Gévaudan, pour patron. Tout récemment on a demandé à Mgr l'Evêque de Mende des reliques du Saint pour les placer dans ces églises.

Les reliques de S. Hilaire, l'un des saints Evêques de Mende, étaient encore à St-Denis avant la révolution de 1789. On croit qu'elles y avaient été portées en même tems que celles de S. Privat. Tous ces faits joints à ce que les historiens disent du caractère et de la piété du roi Dagobert, qu'on appelait *prædo reliquiarum*, tant il avait fait enlever des reliques de différentes églises pour en enrichir celle de St-Denis, donnent un grand poids au récit de l'auteur que nous citons.

neuf, haut de dix, et très-exactement fermé (1).

Cette découverte combla de joie le clergé, les habitans de la ville et de tout le diocèse. L'Evêque prescrivit aussitôt des jeûnes, des prières publiques, des processions générales, et, le lendemain de l'Exaltation de la sainte Croix, accompagné du clergé, des corporations religieuses et d'un immense concours de peuple, il transporta le saint corps, en grande pompe, dans l'église cathédrale. Il plaça la tête du saint Martyr dans un buste préparé à cet effet, pour l'exposer à la vénération des fidèles dans les grandes solennités (2).

Les miracles sont le langage le plus intelligible que la Providence fasse entendre aux hommes. C'est sur les miracles que Dieu a voulu appuyer sa religion ; afin que la vérité, manifestée par des faits incontestables, fût sensible à tous les yeux, à ceux des savans et des simples. Aussi, depuis le grand prodige de la création, les miracles n'ont pas cessé sur la

(1) Légende de l'ancien office de S. Privat.
(2) Cette belle relique et une partie d'un bras sont les seules portions du corps de S. Privat que l'Eglise de Mende a le bonheur de posséder. Des ames pieuses ont soustrait ce précieux trésor à la destruction pendant le vandalisme de 1793. Le reste du saint corps fut brûlé par les calvinistes, lorsqu'ils se rendirent maîtres de la ville de Mende, sous la conduite de Merle, un des chefs de cette secte, ennemie de l'Eglise catholique et des reliques des Saints.

terrè. On sait la majesté terrible de ceux de la Loi Mosaïque, et la touchante douceur de ceux de l'Evangile.

S. Privat, qui, comme tant d'autres Saints, avait retracé, par la charité et l'humilité de ses vertus, celles du Sauveur du monde, a semblé être admis à partager la gloire de sa puissance, au point de commander à la nature et de déroger à ses lois. Cette puissance a paru même s'attacher, d'une manière toute particulière, à la poussière de sa dépouille terrestre.

Les guérisons remarquables et les miracles éclatans opérés par la présence et la vertu de ses reliques sont innombrables, puisque, pendant plusieurs siècles, comme nous l'avons déjà dit, il s'en faisait journellement à son tombeau.

Ceux que nous rapporterons ici, quoiqu'en petit nombre, suffiront pour prouver combien les honneurs qu'on rend à ces saintes reliques sont agréables à Dieu. Ils prouveront aussi combien elle est juste et solidement établie, la confiance de tous ceux qui l'invoquent et réclament avec instance son intercession, son puissant crédit auprès de Dieu.

Nous lisons dans la légende de l'ancien office du saint Martyr, qu'au jour de la translation de ses reliques, *tous ceux qui étaient affligés de diverses maladies, furent délivrés de leurs infirmités et de leurs langueurs* (1).

_____

(1) Variis languoribus, affectis, tunc prospera

Après qu'on eut déposé les saintes reliques dans la chapelle de S. Julien, et pendant que le vénérable Aldebert entretenait son peuple des merveilles dont il était témoin, et qu'il le félicitait d'avoir recouvré un si précieux trésor, un possédé entra dans l'église et y excita un grand trouble par ses cris et ses hurlemens. La mère de cet infortuné fondait en larmes, et toute l'assemblée était émue de compassion. L'Evêque, revêtu de ses ornemens pontificaux, se le fit amener, le prit entre ses bras et le porta dans la chapelle de S. Julien. Le démon fit alors ses derniers efforts; on crut que le malheureux jeune homme allait être mis en pièces; mais l'Evêque commanda à Satan de se retirer et au jeune homme de prier Dieu de le délivrer, par l'intercession de S. Privat, de l'esprit immonde qui le possédait. Le malheureux possédé se calma, fit une prière, s'endormit aussitôt, et, quelques instans après, il reparut avec humilité devant tout le peuple, glorifiant Dieu, rendant grâce au saint Martyr, et attribuant à la vertu de ses saintes reliques le bienfait de sa délivrance (1).

La ville du Puy a été témoin, il y a plusieurs siècles, d'un grand miracle obtenu par la puissante intercession du saint Apôtre du Gévau-

---

salus, tanti corporis virtute patrocinante, reddita est.

(1) Extrait du livre intitulé : *Passio et miracula Sancti Privati.*

dan. La vérité et l'authenticité de ce miracle sont fondées sur les preuves les plus incontestables. L'église de Mende en renouvelle tous les ans la mémoire par un office solennel, le dimanche après la fête de S. Luc. Voici à quelle occasion ce grand événement eut lieu.

Le feu de la discorde s'était allumé dans la ville du Puy. L'exaspération de ses habitans était extrême, leurs haines, leurs inimitiés ne reconnaissaient plus de bornes, et tout faisait présager les horreurs prochaines d'une guerre civile.

Son pieux Evêque, effrayé à la vue d'un si immense danger et ne pouvant, en aucune manière, le conjurer lui-même, appela à son secours les Evêques voisins, les priant de venir au Puy en procession, apportant avec eux les saintes reliques qu'ils avaient dans leurs églises, afin d'obtenir du Seigneur la paix et la charité entre ses diocésains. Il s'adressa particulièrement à l'évêque de Mende et le supplia d'arriver au plutôt avec le corps de l'illustre patron du Gévaudan, dont la réputation de crédit auprès de Dieu augmentait tous les jours par le grand nombre de miracles que le ciel accordait à son intercession.

L'évêque de Mende, voulant satisfaire les pieux désirs de son confrère, se mit en chemin, suivi d'un grand nombre d'ecclésiastiques et d'une multitude de fidèles.

Etant arrivé à la vue du Puy, l'Evêque de cette ville, ceux de Clermont, de Valence, de

Viviers et le saint Abbé qui gouvernait alors le monastère de Cluny, vinrent en procession avec leurs reliques au devant de celles de S. Privat.

Les deux processions s'étant jointes firent une station, chantèrent des hymnes en l'honneur du saint Martyr, réclamèrent son intercession avec beaucoup de confiance, et leurs prières furent exaucées.

Dieu manifesta sa puissance par un prodige capable de toucher les cœurs les plus endurcis. Lorsque le corps de S. Privat entrait dans la ville, un homme, qui avait son fils perclus de tous ses membres, demanda aux Evêques la permission de lui faire toucher la châsse du glorieux Pontife. Il ne l'eut pas plutôt fait, que la puissance de S. Privat auprès de Dieu éclata par la guérison subite de ce jeune homme.

Tous les assistans, étonnés d'une si grande merveille, firent éclater les transports de leur joie, déposèrent leurs haines, leurs ressentimens, et s'embrassèrent les uns les autres en se jurant une paix éternelle.

Dans un écrit qu'il a publié en 1675, et que nous avons sous les yeux, M. Michel Baldit, célèbre médecin de la ville de Mende, rapporte plusieurs miracles opérés par la puissante intercession de S. Privat. (Nous transcrivons ses propres paroles.)

« Parmi les Saints auxquels Dieu, par une » grâce particulière, a donné la vertu de gué-

» rir les maladies, même les plus opiniâtres,
» nous devons compter le grand S. Privat, évê-
» que de Mende et martyr. Sa vertu merveil-
» leuse à guérir les maladies a éclaté sur bien
» des personnes, entre autres sur M. Jacques
» Brunel, jadis curé de l'église paroissiale de
» Barjac. Cet ecclésiastique fut, par l'interces-
» sion de S. Privat, délivré d'une très-cruelle
» manie, contre l'espérance de tout le monde.

» Elle éclata encore en la personne d'un
» enfant de trois ou quatre ans, fils de M. Cou-
» lon, bourgeois de Mende. Par une terrible
» fluxion que cet enfant avait éprouvée, il
» était devenu bossu sur la poitrine et sur les
» épaules, il fut guéri de l'une et l'autre bosse
» par le vœu que son père et sa mère firent au
» même Saint.

» L'invocation de S. Privat ne guérit pas
» seulement les maladies, elle les détourne.
» Aussi, dans les années 1629 et 1630, lors-
» que la peste ravageait toute la province, nous
» avons vu la ville de Mende miraculeusement
» et divinement garantie de ce fléau, parce
» que S. Privat, dévotement invoqué, faisait
» sentinelle du haut de sa sacrée grotte, pour
» que la peste n'entrât pas dans la ville. »

Voici maintenant d'autres merveilles qui se
sont passées presque de nos jours. Elles sont
canoniquement constatées par des procès-
verbaux très en règle, et dont on peut prendre
connaissance au secrétariat de l'évêché de
Mende.

Vers l'année 1794, Marie-Anne Cogoluenhe, femme Tondut d'Estables de Randon, fut atteinte d'un rhumatisme compliqué d'une affection scorbutique, d'un énorme engorgement au foie, d'une affection nerveuse très-violente et d'un affaiblissement musculaire si considérable, qu'on appréhendait, à tout moment, une paralysie universelle.

La réunion de tant de maladies lui causait des douleurs si vives, si intolérables, qu'on ne pouvait comprendre comment elle y résistait.

Son état était un spectacle déchirant pour tous les cœurs sensibles : il arrachait des larmes, non-seulement à ses parens, mais encore à tous ceux qui la voyaient.

Dans ses fréquens accès, elle était agitée par de telles convulsions, que, pour les comprimer, plusieurs femmes étaient obligées de s'étendre sur elle et de la presser de tout leur poids, comme elle les en priait par signes ; ses nerfs se contractaient alors au point qu'elle ne pouvait plier aucun de ses membres. Pour empêcher la contorsion des bras, et les tenir dans l'état naturel, il fallait pour chacun toute la force de l'homme le plus robuste. Tous ceux qui étaient présens à cet affreux spectacle entendaient craquer ses os d'une manière effrayante.

M. le docteur Blanquet lui prodigua ses soins ; mais la violence et l'intensité du mal prévalurent toujours contre les ressources de l'art et la force des remèdes.

Dans ces dures extrémités, elle recourut à S. Privat, et du consentement de son mari, elle fit vœu d'aller visiter sa sainte grotte, aussitôt qu'elle le pourrait. Après cet acte religieux, Dieu daigna diminuer un peu l'excès de ses souffrances, mais elle n'en restait pas moins presque entièrement privée de l'usage de ses jambes et dans un état déplorable.

Voyant que tous les secours humains étaient inutiles, et qu'elle ne pouvait espérer de soulagement que du ciel, elle brûlait du désir d'aller accomplir son vœu. Quelque difficulté que présentât cette entreprise, que tout le monde taxait de téméraire et même d'impossible, elle se fait placer sur un cheval et se met en route. Les fatigues et les souffrances qu'elle éprouva en chemin furent si excessives, qu'elles lui causèrent plusieurs évanouissemens.

Arrivée à Mende, M. le docteur Blanquet et beaucoup d'autres personnes la voyant toute percluse, et tellement affaiblie qu'elle paraissait ne conserver qu'un souffle de vie, jugeaient qu'il lui était impossible de monter à l'hermitage de S. Privat; mais rien ne fut capable d'ébranler sa résolution. Elle voulait à tout prix accomplir à la lettre le vœu qu'elle avait fait.

Elle s'assure donc de la messe de M. Boutin, ancien bénéficier, et portée plutôt que soutenue par un homme et plusieurs femmes de Mende, elle part avec une confiance mêlée de crainte de ne pouvoir arriver au terme de ses désirs.

Déjà on était parvenu au milieu de la montagne, lorsque la malade, épuisée de force et presque sans mouvement, a besoin d'un long repos : toutes ses compagnes pensent qu'il est impossible d'aller plus loin ; elle seule ne perd point courage, et à force de tems et de fatigue, elles arrivent à la chapelle haute de l'Hermitage.

La sainte messe ne tarde pas à commencer : à la communion du prêtre la malade se lève du lieu où elle est assise, va, sans le secours de personne, recevoir la sainte Eucharistie, retourne à sa place, et y fait à genoux une longue action de grâces : cela fait, elle se lève, descend avec quelque difficulté à la chapelle basse, y fait une prière, remonte à la chapelle haute, y passe une demi-heure en oraison, et se sentant tout à coup entièrement délivrée des douleurs, des faiblesses, des infirmités qui l'accablaient depuis dix-sept ans, elle quitte le saint lieu, descend sans aucune gêne, et avec une effusion de joie, de reconnaissance inexprimable, elle embrasse les jeunes personnes qui l'avaient accompagnée en leur disant : *Deo gratias !* je suis parfaitement guérie. Toutes les personnes présentes fondaient en larmes, et louant Dieu d'une voix commune, elles se mirent en mouvement pour retourner à Mende.

Marie-Anne Cogoluenhe marchait aussi aisément qu'aucune d'elles, et n'éprouvait pas plus de peine et de fatigue que si elle n'eût jamais été malade.

Elle s'empressa, le même jour, d'aller voir en différens quartiers de la ville ses nombreux amis et M. le docteur Blanquet, son médecin, qui, comme il le déclare lui-même dans le procès-verbal, fut rempli d'étonnement et de joie en la voyant marcher avec autant de facilité qu'avant sa maladie.

Tout le monde, tant à Mende qu'à Estables, et dans toutes les paroisses du diocèse où le bruit de cette merveille se répandit, était dans la surprise et dans l'admiration. On ne pouvait se lasser de bénir Dieu, et de féliciter Marie-Anne Cogoluenhe d'une guérison si subite, si inattendue, si évidemment miraculeuse.

Depuis 1811, cette femme, aujourd'hui âgée de 66 ans, n'a plus éprouvé la moindre atteinte de ses anciennes infirmités. Ces divers faits sont attestés, sous la foi du serment, par cent onze témoins dignes de foi, et dont les dépositions restent consignées dans le procès-verbal du 9 février 1837.

Il y a environ trente-sept ans que Marie-Jeanne Soulpin, de la paroisse de St-Chély d'Apcher, ayant fait une chute, il lui survint une tumeur qui lui causait les plus vives douleurs.

De très-habiles médecins, tels que les doc-

teurs Chazot de St-Chély et Martin du Malzieu,
lui donnèrent des soins assidus, pendant long-
tems ; mais ni leurs lumières, ni leur zèle ne
purent leur fournir le moyen de parvenir à
améliorer son état : il empira même. D'autres
tumeurs se manifestèrent sur différentes parties
du corps, et il s'y établit une suppuration abondante ; la jambe droite fut particulièrement
affectée ; les douleurs qu'elle y éprouva con-
tractèrent tellement les nerfs qu'elle se rac-
courcit d'un tiers de pied.

La malade fut travaillée dans le même tems
d'une fièvre hectique, par absorption du pus
de ces tumeurs.

Les médecins obtinrent bien la diminution
de la fièvre, mais la claudication persista,
ainsi que l'affaiblissement de tous les membres
inférieurs.

La maladie fut jugée très-grave, et la malade fut administrée plusieurs fois.

Depuis 1810, M. le docteur Chazot, qui a
fait, sous la foi du serment, et signé dans le
procès-verbal la déclaration de toutes ces circonstances, cessa de la voir, parce qu'il avait
jugé que cette affection était devenue incu-
rable. Pendant douze ans que durèrent les
souffrances, la plupart du tems très-vives,
de Marie-Jeanne Soulpin, elle gardait habi-
tuellement le lit, et elle fut administrée un
grand nombre de fois par M. Brun, alors curé
de St-Chély, et depuis chanoine de la cathé-

drale, supérieur du grand séminaire et vicaire-général du diocèse.

Dans l'espoir d'adoucir ses longues et cruelles douleurs, Marie-Jeanne Soulpin consulta
un grand nombre de médecins, fit beaucoup
de remèdes, mais toujours sans succès. Toutes les ressources de la terre étaient impuis-
santes contre les maux qui l'accablaient, aussi
se borna-t-elle à la fin à réclamer les secours
du Ciel.

Un jour que ses souffrances étaient excessives, et qu'on lui parlait d'une guérison obtenue par l'intercession de S. Privat, elle se
mit sous la protection de cet illustre martyr,
et commença sur-le-champ une neuvaine de
prières en son honneur.

Le désir qu'elle avait de se rendre à Mende,
et de visiter la sainte grotte où se sont opérés
tant de prodiges, devenait plus vif de jour en
jour ; mais la difficulté était de pouvoir sup-
porter les fatigues du voyage.

Néanmoins, ni le courage ni la confiance ne
l'abandonnèrent. Son parti décidément pris,
elle se fit mettre dans une voiture, et accompagnée de Jean-Pierre et de Marie-Jeanne
Soulpin, ses cousins, elle arriva à Mende,
non sans avoir éprouvé une grande fatigue et
de vives douleurs en route. Elle resta quelques
jours dans la ville épiscopale, et y fit célébrer
une neuvaine de messes en l'honneur de S.
Privat : aidée de ses béquilles et du secours

de deux bras, elle se rendait à la cathédrale
pour les entendre.

Le dernier jour de la neuvaine, ses parens
et autres personnes la conduisirent ou plutôt
la portèrent à l'Hermitage avec une peine et
des fatigues extrêmes pour elle. M. Brun arrive à la sainte grotte et y célèbre le saint sacrifice de la messe. Au moment de la communion, la malade essaie de se lever du lieu où
elle était assise : à l'instant plusieurs des assistans entendent craquer sa jambe, et déjà le
miracle était opéré ; déjà la jambe avait recouvré ses forces, et Marie-Jeanne Soulpin
était de plus délivrée d'une autre grave infirmité dont elle était affligée depuis sa chute.
Sans ses béquilles et sans le secours de personne, elle marche, va se mettre à genoux au
pied de l'autel et y recevoir la sainte communion.

La messe finie, elle prie M. Brun de réciter
le *Te Deum* pour remercier Dieu, en disant
qu'elle est guérie.

Outre que toutes ces circonstances sont consignées dans le procès-verbal, nous les te-
nons nous-même de la bouche de M. Brun,
cet homme si grave, si instruit, si vertueux,
et dont la mémoire sera long-tems en bénédiction dans le diocèse de Mende.

Plusieurs années après, il ne parlait encore
de ce fait qu'avec une vive émotion. Il nous
disait qu'il ne pourrait jamais rendre ce qu'il
avait éprouvé en voyant cette fille se lever,

marcher, elle qu'il avait vue si long-tems et encore quelques momens auparavant si faible, si évidemment estropiée.

Marie-Jeanne Soulpin, au comble de la joie, laissa ses béquilles dans la sainte grotte, descendit sans leur secours, et depuis cette heureuse époque, elles ne lui ont plus été nécessaires.

Après avoir témoigné au saint Martyr sa vive reconnaissance, elle s'en retourna à St-Chély, où elle fut accueillie avec de grandes démonstrations de joie par beaucoup de personnes. Ses parens, ses amis, prenaient plaisir à la visiter, à la voir marcher. Tous, de concert, criaient au miracle, bénissaient Dieu et exaltaient la puissance du saint Apôtre et patron du Gévaudan.

En 1809, Mlle Marie Aldebert Boyer, de la ville de Marvejols, fut frappée d'une paralysie qui lui ôta l'entier usage d'un bras et d'une main.

Sa foi et sa piété lui suggérèrent de recourir à S. Privat, et de le conjurer de lui obtenir de Dieu la guérison de cette grave infirmité.

Elle fit d'abord une neuvaine en l'honneur du saint Martyr, puis elle se rendit dans la sacrée grotte de son Hermitage, y fit célébrer le saint sacrifice de la messe, et y reçut la sainte communion.

Dieu ne tarda pas à récompenser sa foi, et à manifester combien l'intercession du saint

Apôtre du Gévaudan est puissante auprès de lui.

A peine avait-elle terminé son action de grâces, qu'elle se sentit subitement délivrée de sa paralysie.

Pour prouver aux personnes qui l'accompagnaient que ce sentiment n'était pas une illusion, de cette main pendante et paralysée auparavant elle prit une pierre, la lança au loin en leur présence, avec autant de force que si elle n'avait jamais été paralysée.

Comblée de joie et de reconnaissance, Mlle Boyer retourna à Marvejols, où elle fut l'objet de l'étonnement des personnes qui connaissaient l'infirmité dont elle était affligée, et dont elle n'a plus éprouvé la moindre atteinte depuis cette heureuse époque. (Procès-verbal du 8 janvier 1837.)

Catherine-Clotilde Boulet, née Tremolière, de la ville de Mende, âgée aujourd'hui de 25 ans, éprouva, dans son enfance, une convulsion qui lui fit perdre connaissance, et qui dura plusieurs jours.

A la suite de cet accident, elle ressentit à la jambe droite des douleurs inexprimables. Bientôt après il s'y forma des tumeurs qui envahirent successivement toute la jambe, et y produisirent des plaies profondes au nombre de seize.

Les médecins ne purent ni faire disparaître le mal, ni même en arrêter les progrès. La maladie était devenue si grave, qu'un très-habile chirurgien avait jugé l'amputation de la jambe indispensable.

Six années s'étaient déjà écoulées, et la jeune personne avait éprouvé pendant ce long espace de tems des souffrances cruelles.

Un jour que la mère de la malade se livrait à toute l'amertume de son chagrin, il lui vint en pensée de recourir à l'intercession de S. Privat; elle mit en lui, après Dieu, toute sa confiance.

Elle commença par faire dire, en l'honneur du Saint, plusieurs messes, et ensuite, accompagnée de Mlle Eulalie Duprat, elle porta sa jeune fille dans la chapelle de l'Hermitage.

Le moment de l'élévation de la sainte messe à laquelle elles assistaient étant arrivé, la malade eut assez de force pour se mettre à genoux, et, dès lors, elle fut très-sensiblement soulagée.

Mais, quels furent, le lendemain matin, l'étonnement et la joie de la mère, de Mlle Duprat et de bien d'autres qui connaissaient les souffrances et l'état malheureux de la jeune personne, lorsqu'ils virent que toutes les plaies, même celle du talon, si profonde, qu'on apercevait l'os, étaient cicatrisées et avaient entièrement disparu!

La guérison fut si complète que, depuis cet heureux jour, la jeune femme n'a ressenti aucune douleur, aucune atteinte de cette maladie si grave et si désespérée. (Procès-verbal du 15 février 1837.)

En 1802 , Louise Guin des Bondons éprouva de telles douleurs , que bientôt elle ne put ni marcher , ni se livrer à aucune occupation qui exigeât le moindre mouvement.

Trois médecins, qu'elle fit appeler, ne purent lui procurer le moindre soulagement.

Ses douleurs aiguës , ses souffrances continuelles , persévéraient depuis plus de huit ans , lorsque , entendant parler de guérisons obtenues par l'intercession de S. Privat, elle se sentit pleine de confiance en lui et enflammée du désir d'aller l'invoquer dans la sainte chapelle qui porte son nom.

L'exécution d'un tel projet paraissait impossible à ses parens , et ils s'efforcèrent de l'en détourner.

La malade triompha cependant de leur résistance , et quelque vives que fussent ses douleurs, quelque grande que fût sa faiblesse, elle se fit mettre sur un cheval, et, accompagnée de son mari , elle arriva au pied du saint Hermitage.

Les fatigues de la route , les souffrances qu'elle avait endurées l'avaient réduite à un tel état d'épuisement, que le prêtre qui devait célébrer la sainte messe pour elle en fut alarmé. Il lui conseillait de ne pas essayer de monter à la chapelle haute ; mais la foi de Louise ranime ses forces, elle veut, à tout prix, arriver à la sainte grotte, aidée des personnes qui l'assistaient, et se traînant sur ses genoux et sur ses mains, elle parvient, en effet, au terme de ses désirs.

La sainte messe commence aussitôt; elle l'entend avec une foi vive et toute la piété, toute la confiance dont elle peut être capable. A la communion du prêtre, elle est comme transportée, hors d'elle-même, et croit éprouver dans tous ses membres une violente compression; à l'instant elle se lève, va recevoir Jésus-Christ, se sent délivrée de toute douleur, de toute faiblesse, et dans un état de santé parfaite.

Le cœur profondément ému et les yeux mouillés de larmes, elle fait vœu de revenir, une fois tous les ans, visiter le saint lieu où Dieu manifeste si visiblement sa puissance, et la comble, par l'intercession de S. Privat, de bienfaits si signalés!

Après son action de grâces, elle descend à Mende sans aucune fatigue, retourne, le même jour, aux Bondons, en faisant à pied la plus grande partie de la route.

Aux approches du lieu de leur résidence, son mari, transporté de joie, ne peut plus se contenir, il la devance et va faire part à leurs parens, à leurs voisins, du miracle qui s'est opéré.

Tous les habitans du village courent au devant de Louise, et rien ne saurait exprimer leur étonnement et leur admiration de voir arriver à pied, et bien portante, celle que, le matin du même jour, ils avaient vue partir toute percluse, si souffrante, si épuisée !

Depuis le mois de juin 1810, Louise Guin n'a jamais senti le moindre retour de la longue et cruelle maladie dont elle fut alors miraculeusement guérie. (Procès-verbal du 24 février 1837.)

Citons encore pour la gloire de notre saint Apôtre la guérison de Marguerite Boulet, de la paroisse des Bondons.

A l'âge de 33 ans, elle fut atteinte d'une sciatique qui lui causait des douleurs à peine tolérables et ne lui permettaient de faire quelques pas qu'avec le secours de deux béquilles.

MM. les docteurs Blanquet, Valentin, de Mende, et Salanson, de Florac, l'envoyèrent plusieurs fois aux eaux thermales de Bagnols et lui prescrivirent divers traitemens qui n'eurent aucun succès.

Un jour que ses douleurs étaient excessives, Marguerite résolut de renoncer à tous les remèdes de la terre et de n'espérer de soulagement que du ciel. Elle met donc en Dieu toute sa confiance et le conjure, par l'intercession de S. Privat, de lui accorder sa guérison, s'il le juge expédient pour sa gloire, ou du moins de diminuer l'excès de ses souffrances.

Afin d'engager plus efficacement le saint Apôtre du Gévaudan à devenir son intercesseur auprès de Dieu, elle promet d'aller visiter la sainte grotte de son Hermitage et d'y faire la sainte communion, aussitôt qu'elle en aura la possibilité.

Trois ans se passent sans que son état lui permette d'exécuter sa pieuse résolution ; mais sa foi, son courage l'élevant enfin au dessus de la nature et lui faisant braver sa faiblesse, ses douleurs, elle se fait monter sur un cheval, et, avec beaucoup de tems et de peines, elle arrive à la grotte du saint Martyr.

Elle n'y a pas plutôt fait la sainte communion qu'elle se trouve grandement soulagée. Elle y vient une seconde fois, et elle sent ses forces revenir à mesure que ses douleurs disparaissent. Enfin, à la troisième visite de la sainte grotte, elle est entièrement délivrée des faiblesses, des souffrances qui l'avaient torturée pendant dix ans.

Depuis 1826, que cette guérison s'est opérée, Marguerite Boulet n'a plus ressenti la moindre atteinte de sa maladie, si aiguë, si invétérée. (Procès-verbal du 24 février 1837.)

CHAPITRE III.

Du Culte que les fidèles du diocèse de Mende rendent à S. Privat.

Il serait facile de retracer ici une multitude d'autres faits qui ont excité l'admiration et la reconnaissance; car on n'a jamais invoqué S. Privat dans les calamités publiques, ni dans les besoins particuliers, sans ressentir les effets de sa puissante protection; mais, selon l'engagement que nous en avons pris, nous nous bornons à rapporter les merveilles qui ont en leur faveur des preuves irrécusables. Quelque restreint qu'en soit le tableau, ne doit-il pas suffire pour pénétrer les ames vraiment chrétiennes d'une confiance sans bornes dans celui qui a fait et fait descendre encore, tous les jours, sur les hommes, tant de faveurs célestes?

Du haut du ciel, il veille sur les contrées qu'il a éclairées de la lumière de l'Evangile. « Les saints Martyrs, dit S. Grégoire de » Nysse, s'intéressent pour tous ceux qui les » invoquent, mais ils sollicitent spécialement » le grand roi du ciel pour leur patrie, pour » leurs concitoyens, leurs alliés et leurs pro- » ches; or, la patrie d'un martyr, c'est le lieu » où il a reçu la mort; ses concitoyens, ses al- » liés et ses proches, sont ceux qui habitent » ces lieux, qui possèdent ses reliques, qui les » conservent et les vénèrent (1). »

Aussi est-ce à S. Privat que les habitans de Mende crurent devoir la conservation de la foi, lorsque l'hérésie commença à répandre parmi eux le mensonge et l'erreur; c'est encore à sa puissante protection que cette ville

---

(1) Panégyrique de S. Théodore.

se crut redevable de sa délivrance, lorsque le trop fameux Merle avait juré sa destruction et sa ruine.

Ne doit-on pas penser qu'il a préservé jus-qu'ici le Gévaudan du choléra, cet horrible fléau qui a ravagé tant de royaumes, tant d'empires, et qui, naguère, était aux portes du diocèse de Mende?.

Quoi qu'il y eût dans l'héritage de S. Privat bien des péchés à punir, l'exécuteur des ven-geances divines s'est arrêté devant des mon-tagnes si long-tems témoins de ses vertus, ar-rosées de ses larmes, teintes de son sang et dépositaires de ses reliques. S. Privat s'est interposé entre ses enfans et le bras de la justice divine, et quelque irrité que fût le Seigneur, le feu de sa colère est passé sur leur tête sans les réduire en cendres.

Ces faveurs ne sont pas les seules dont lui sont redevables ceux qui l'invoquent, ils en obtiennent, tous les jours, de plus précieuses encore. Qui pourrait dire combien d'esprits éclairés et désabusés, combien de cœurs tou-chés et convertis, combien d'ames arrachées au démon et à sa tyrannie lui doivent leur sanctification et leur salut?

Les habitans du diocèse de Mende de-vraient plutôt oublier leur main droite que de perdre jamais le souvenir des bienfaits d'un si bon père, d'un si puissant protecteur!

Aussi, ce serait leur faire injure de dire qu'ils ne professent pas une vénération pro-

fonde pour le saint Apôtre, et que le plus
grand nombre n'a pas pour lui une dévotion
remarquable, n'est point animé d'une très-
vive confiance en son puissant crédit auprès
de Dieu. On fait beaucoup de neuvaines, de
communions en son honneur ; on fait célébrer
un grand nombre de messes dans les chapelles qui lui sont dédiées.

On se porte en foule dans la grotte sacrée
qui lui servait de retraite quand il voulait,
après ses travaux apostoliques, vaquer à la
contemplation des choses célestes, et plusieurs
y passent les nuits en prières.

Rien de plus édifiant que de voir Mgr l'Evêque, le chapitre de la cathédrale, toutes les
congrégations, toutes les confréries se ranger
en procession, toutes les années, avec leurs
croix et leurs bannières, gravir la montagne
en chantant des hymnes et des cantiques,
pour se rendre dans le lieu sacré où le saint
Martyr est spécialement honoré.

Pendant toute l'Octave de sa fête, le concours des fidèles de la ville et du diocèse est
si considérable, que les trois chapelles sont
constamment remplies toute la matinée. Souvent il est très-difficile de parvenir à celle où
repose le Saint-Sacrement.

On peut dire ici ce que disait S. Grégoire
de Nysse, en parlant de la foule qui accourait
au tombeau de S. Théodore, dont il faisait le
panégyrique. Qu'on s'imagine un sentier couvert de fourmis, dont les unes montent et les

autres descendent, et on concevra le chemin qui conduit au sanctuaire vénéré.

Mais ce qui est plus touchant encore, ce qui prouve de quelle gloire Dieu prend plaisir à combler ses Saints, c'est la manière dont beaucoup de chrétiens honorent, dans sa sainte grotte, notre illustre Martyr. Ils contemplent son image, ils la baisent avec respect, ils s'adressent à lui comme s'ils le voyaient présent, ils le prient, ils répandent des larmes pour le toucher, ils lui demandent son intercession, ils le conjurent de se rendre, auprès de Dieu, leur avocat et leur intercesseur.

Il y a des jours où le saint sacrifice est célébré, sans interruption, sur les trois autels, depuis bien avant l'aurore jusqu'à midi.

Quoique l'Octave du saint Martyr et les autres fêtes établies en son honneur soient célébrées avec un empressement particulier, les autres jours de l'année ne laissent pas d'avoir leur solennité. La dévotion s'y renouvelle tous les jours et attire à sa sainte grotte de nouveaux pélerins.

Puisse-t-elle s'augmenter encore! Puisse chaque fidèle implorer la protection de S. Privat sur lui-même et sur tout ce qu'il a de plus cher sur la terre! Que les mères de famille le conjurent d'appeler les bénédictions célestes sur leurs époux, sur leurs enfans et sur elles-mêmes! que les enfans lui adressent les mêmes supplications pour leurs parens et tous les membres de leur famille !

Que les affligés et tous ceux que les infirmités, les douleurs et les maux accablent, recourent à sa puissante protection, qu'ils se souviennent qu'il a obtenu à tant d'autres d'abondantes consolations et même la délivrance de leurs infirmités et de leurs maladies !

Que tous les fidèles invoquent le saint Martyr pour le clergé du diocèse de Mende, pour le Pontife, légitime successeur de S. Privat, qui le gouverne, pour l'Eglise toute entière, si méconnue, si souffrante, si humiliée sur la terre, quoiqu'elle n'y passe, comme le Dieu qui l'a fondée, qu'en faisant du bien aux hommes.

Qu'ils l'invoquent pour la France, afin que cette chère patrie coule des jours calmes, des jours heureux, et que la foi, qui seule, fait fleurir la justice et les mœurs, fleurisse toujours dans son sein !

Que les pécheurs, quels qu'ils soient, implorent l'intercession de S. Privat, qu'ils aillent à sa grotte, qu'ils se prosternent devant ses autels, qu'ils vénèrent ses saintes reliques, et, pourvu qu'ils ne soient point obstinés dans leur malice et résolus de se roidir contre la miséricorde, pourvu qu'ils ne refusent pas d'ouvrir leur cœur à la douleur et au repentir, avec le secours de S. Privat et aux pieds de S. Privat, ils recevront bientôt la grâce de leur réconciliation avec Dieu, le bienfait de la pureté du cœur et de l'innocence.

« Les saints Martyrs en mourant, dit
» S. Grégoire de Nysse, nous léguèrent leur
» vie pour nous servir d'exemple et leur mort
» pour être l'objet de notre vénération : ils
» prennent plaisir à nous voir réunis auprès
» de leur tombeau ; de là, ils enseignent l'E-
» glise, ils mettent en fuite les démons, ils
» rappellent les anges de paix ; ils fortifient
» les justes, ils s'attendrissent sur les pé-
» cheurs, ils prient pour eux, ils demandent,
» ils obtiennent. »

CHAPITRE IV.

Prières et pratiques pour une neuvaine en l'honneur
de S. Privat.

On a remarqué que c'est surtout dans la
grotte où S. Privat est spécialement vénéré,
et pendant le saint sacrifice de la messe, qu'un
grand nombre de personnes ont obtenu des
faveurs célestes, et même des guérisons mira-
culeuses. Voilà pourquoi il est à propos de visiter la chapelle de l'Hermitage de S. Privat et
d'y entendre la sainte messe, quand on fait
une neuvaine en son honneur.

Après le lieu privilégié, on doit donner la
préférence à la cathédrale de Mende, où les
reliques du Saint reposent. Cependant, on

pourra choisir l'église qu'on voudra pour y faire sa neuvaine.

Voici, pour la faire avec fruit, la manière qui nous a paru la plus simple, la moins chargée et qui pourra devenir, néanmoins une source de grandes bénédictions.

1° Les personnes qui ne sont ni malades, ni infirmes, entendront, durant neuf jours et consécutivement, s'il se peut, la messe en l'honneur de S. Privat, c'est-à-dire pour remercier Dieu des faveurs dont il l'a comblé, et pour demander, par son intercession, les grâces spéciales qu'on désire obtenir.

2° Les personnes qui savent lire réciteront, après la messe, une prière qu'elles trouveront ci-après, et elles y ajouteront les litanies de S. Privat.

3° Si le confesseur le juge possible, on communiera au commencement ou à la fin de la neuvaine, et, s'il se peut, en la commençant et en la finissant, ou même plus souvent.

4° Les personnes qui ne savent pas lire réciteront, pendant ou après la messe qu'elles entendront en l'honneur de S. Privat, 1° les actes de foi, d'espérance, de charité et de contrition; 2° dix *Pater*, dix *Ave*, dix *Gloria Patri* et dix fois cette invocation : *S. Privat, priez pour nous.*

5° Les malades pourront faire la neuvaine dans leur lit, les infirmes dans leur maison, en s'unissant au saint sacrifice de la messe d'esprit et de cœur, en offrant à Dieu leurs souffrances, e récitant, tous les jours de la neuvaine, dix *Pater*, dix *Ave*, dix *Gloria Patri*, et dix fois l'invocation : *S. Privat, priez pour nous.*

Prière qu'on récitera tous les jours de la neuvaine, avant les litanies.

Grand S. Privat, à qui Dieu a spécialement confié les intérêts spirituels et temporels de tous les fidèles du diocèse de Mende, je vous honore comme mon tendre père, mon protecteur, mon intercesseur, mon médiateur auprès de la divine Majesté. Je vous rends tous les hommages que ces différentes qualités exigent de moi; je bénis le Seigneur pour tous les bienfaits dont sa miséricorde vous a comblé sur la terre, et pour ceux dont il a couronné vos travaux, vos vertus et vos mérites dans le ciel; je lui offre de très-humbles actions de grâces pour le grand moyen de salut qu'il veut bien m'accorder dans votre protection si puissante auprès de lui.

Daignez, ô grand Saint, vous qui, durant votre vie et depuis votre mort, avez opéré un si grand nombre de miracles, et qui obtenez encore chaque jour toute sorte de faveurs à ceux qui vous invoquent, daignez intercéder pour moi, obtenez-moi *(il faut ici désigner la grâce qu'on demande pendant la neuvaine).* Mais, si ce que je sollicite n'est pas le plus avantageux pour la gloire de Dieu et mon salut éternel, redressez ma demande;

4

obtenez-moi de plus la grâce d'une sincère conversion, l'amour de la prière, l'union intime avec Dieu, un ardent amour pour lui, une parfaite charité pour le prochain, la douceur, l'humilité, l'amour des croix, enfin la grâce d'une sainte mort. Obtenez-moi toutes ces faveurs, mon saint et glorieux protecteur, je vous en conjure par l'amour très-embrâsé que vous avez eu pour Dieu, par la dévotion tendre dont vous avez été animé envers la Sainte Vierge et les neuf chœurs des Anges. *Ainsi soit-il.*

O mon Dieu, qui avez voulu faire entrer dans le sein de votre Eglise le peuple du Gévaudan par les prédications, les saints exemples et les miracles de S. Privat, faites-moi la grâce d'imiter la foi, la charité et les autres vertus de cet illustre Martyr. Mes misères sont grandes, mes faiblesses sont extrêmes. Les maux et les infirmités de cette vie m'accablent; daignez, ô Dieu, mon créateur et mon père, jeter sur moi des regards de miséricorde. Seigneur, écoutez mes soupirs, voyez couler mes larmes, soyez sensible à mes malheurs, faites-les cesser, en m'accordant, par l'intercession de S. Privat, votre glorieux Apôtre, les faveurs que j'ose solliciter de votre bonté paternelle. *Ainsi soit-il.*

LITANIES DE SAINT PRIVAT.

Seigneur, ayez pitié de nous ; — *Kyrie eleison,*

Jésus-Christ, ayez pitié de nous ; — *Christe eleison,*

Seigneur, ayez pitié de nous ; — *Kyrie eleison,*

Jésus-Christ, écoutez-nous, — *Christe, audi nos ;*

Jésus—Christ, exaucez-nous, — *Christe, exaudi nos ;*

Dieu le Père céleste, ayez pitié de nous ; — *Pater de Cœlis Deus, miserere nobis ;*

Dieu le Fils, Rédempteur du monde, ayez pitié de nous ; — *Fili Redemptor mundi Deus, miserere nobis ;*

Dieu le Saint-Esprit, ayez pitié de nous ; — *Spiritus sancte Deus, miserere nobis ;*

Trinité sainte, un seul Dieu, avez pitié de nous ; — *Sancta Trinitas, unus Deus, miserere nobis ;*

Sainte Marie, priez pour nous. — *Sancta Maria, ora pro nobis.*

Sainte Mère de Dieu, — *Sancta Dei genitrix,*

Sainte Vierge des Vierges, — *Sancta Virgo virginum,*

Saint Privat, fidèle serviteur de Dieu, — *Sancte Private, fidelis serve Dei,*

Saint Privat, ministre infatigable de l'Evangile, — *Sancte Private, indefesse Evangelii præco,*

Saint Privat courant après les brebis infidèles, — *Sancte Private, ovium perditarum quæsitor,*

Saint Privat, apôtre du Gévaudan, — *Sancte Private, Gabalorum apostole,*

Saint Privat, modèle des bons pasteurs, — *Sancte Private, bonorum pastorum exemplar,*

Saint Privat, modèle de fermeté et de patience, — *Sancte Private, fortitudinis et patientiæ exemplar,*

Saint Privat, modèle d'o- — *Sancte Private, in re*

Priez pour nous. — *Ora pro nobis.*

cessu tuo, orationis exemplar,

Sancte Private, precibus et lacrymis rorem cœli in populum tuum provocans,

Sancte Private, nitens Cleri speculum,

Sancte Private, gemma sanctuarii,

Sancte Private, custos pervigil vineœ Domini,

Sancte Private, stella gallicanœ Ecclesiœ refulgens,

Sancte Private, summum decus præsulum,

Sancte Private, idolorum destructor,

Sancte Private, dæmonum debellator,

Sancte Private, impavide veritatis defensor,

Sancte Private, promissis et minis paganorum superior,

Sancte Private, gregis tui salvator,

Sancte Private, ardentis caritatis victima,

Sancte Private, paganorum verberibus contuse,

Sancte Private, in manibus tuorum animam effundens,

Sancte Private, Christi confessor et martyr,

Sancte Private, benevo-

Ora pro nobis.

---

raison dans votre retraite,

Saint Privat, attirant par vos prières et vos larmes les bénédictions du Ciel sur votre peuple,

Saint Privat, miroir des parfaits ecclésiastiques,

Saint Privat, pierre précieuse du sanctuaire,

Saint Privat, garde vigilant de la vigne du Seigneur,

Saint Privat, brillante étoile de l'Eglise de France,

Saint Privat, l'ornement des Evêques,

Saint Privat, destructeur des idoles,

Saint Privat, vainqueur des démons,

Saint Privat, défenseur intrépide de la vérité.

Saint Privat, inaccessible aux promesses et aux menaces des païens,

Saint Privat, sauveur de votre troupeau,

Saint Privat, victime de votre charité ardente,

Saint Privat, succombant sous les coups des païens,

Saint Privat, expirant entre les bras de vos enfans,

Saint Privat, confesseur et martyr de J.-C.,

Saint Privat, devenu a-

Priez pour nous.

près votre mort notre puissant bienfaiteur,

Saint Privat, brillant de la gloire de vos miracles,

Saint Privat, apaisant les dissentions civiles,

Saint Privat, l'appui de tous ceux qui vous invoquent,

Saint Privat, patron de notre diocèse,

Saint Privat, notre puissant intercesseur,

Priez pour nous.

Saint Privat, opérant la guérison des malades,

Priez pour nous.

Priez pour nous, afin que nous soyons guéris de nos maladies spirituelles;

Priez pour nous, afin que nous conservions le précieux dépôt de la foi que vous avez prêchée à nos pères;

Priez pour nous, afin que nous nous fortifions chaque jour dans l'espérance des biens éternels;

Priez pour nous, afin que nous croissions dans la connaissance et l'amour de Jésus-Christ;

Priez pour nous, afin que nous exercions votre charité sans bornes à l'égard de tous nos frères;

Priez pour nous, afin que nous rendions le bien pour le mal à nos ennemis;

lâ potentiâ post necem egregie,

Sancte Private, miraculis clarissime,

Sancte Private dissidiorum civilium sedator,

Sancte Private, clientibus tuis præsidium,

Sancte Private, diœcesis mimatensis patrone,

Sancte Private, intercessor noster potentissime,

Sancte Private, ægrotantium salus,

Ora pro nobis.

Ut anima nostra ab omni labe peccati expurgetur,

Te rogamus, audi nos.

Ut pretiosum fidei quam patres docuisti depositum custodiamus,

Ut in spe cœlestium bonorum quotidie roboremur,

Ut crescamus in cognitione, et caritate Christi,

Ut nimiam caritatem tuam in fratres nostros exeramus,

Ut inimicis nostris bonum pro malo rependamus,

Priez pour nous.

Ora pro nobis.

Te rogamus, audi nos.

4.

Ut nec blanditiis, nec dicteriis, nec minis à fide declinemus,

Priez pour nous, afin que nous ne soyons jamais ébranlés dans notre religion, ni par les caresses, ni par les railleries, ni par les menaces du monde.

Ut cum metu et tremore salutem nostram operemus,

Priez pour nous, afin que nous opérions notre salut avec crainte et tremblement.

Ut tentationes in vitâ, præsertim in exitu nostro superemus,

Priez pour nous, afin que nous soyons délivrés des tentations en cette vie, et surtout à l'heure de notre mort.

Ut mortem æternam devitemus,

Priez pour nous, afin que nous évitions la mort éternelle.

Ut Deus nobis perseverantiæ donum largiatur,

Priez pour nous, afin que Dieu nous donne la grâce de la persévérance.

Ut felicitate perpetuâ tecum satiemur in cœlo,

Priez pour nous, afin que nous ayons le bonheur de vous être réunis dans le ciel.

Agnus Dei, qui tollis peccata mundi,
Parce nobis, Domine.

Agneau de Dieu, qui effacez les péchés du monde, Pardonnez-nous, Seigneur.

Agnus Dei, qui tollis peccata mundi,
Exaudi nos, Domine.

Agneau de Dieu, qui effacez les péchés du monde, Exaucez-nous, Seigneur.

Agnus Dei, qui tollis peccata mundi,
Miserere nobis.

Agneau de Dieu, qui effacez les péchés du monde, Ayez pitié de nous.

Ant. Mementote præpositorum vestrorum, qui vobis locuti sunt verbum Dei; quorum intuentes exitum conversationis imitamini fidem.

Ant. Souvenez-vous de vos pasteurs qui vous ont prêché la parole de Dieu; et, considérant quelle a été leur vie, imitez leur foi.

Te rogamus, audi nos.

℣. C'est lui qui a été le pasteur de nos pères ;

℟. Et qui a reçu des paroles de vie pour nous les donner.

ORAISON. Dieu Tout-Puissant, qui, par la prédication de votre Martyr et votre Pontife, avez fait passer à la lumière admirable de l'Evangile des peuples ensevelis dans les ténèbres de l'infidélité ; faites que, par son intercession, nous croissions de plus en plus dans la grâce et la connaissance de N. S. J. C., qui vit et règne avec vous, en l'unité du S.-Esprit, dans tous les siècles des siècles. *Ainsi soit-il.*

℣. *Hic est qui fuit in Ecclesiâ cum patribus nostris ;*

℟. *Qui accepit verba vitæ dare nobis.*

ORAISON. *Deus, qui beati Privati, martyris tui et pontificis, prædicatione de infidelitatis tenebris populos in admirabile Evangelii lumen transtulisti ; fac ut ejus intercessione crescamus in gratiâ et cognitione Domini nostri Jesu Christi Filii tui, qui tecum vivit et regnat in unitate Spiritûs Sancti, Deus, per omnia sæcula sæculorum. Amen.*

Ceux qui en ont le tems et la facilité pourront faire, chaque jour de la neuvaine, une des lectures suivantes. Ces lectures leur fourniront le sujet de plusieurs méditations sur la foi, sans laquelle il n'y a ni justification ni salut. Elles fixeront ensuite leur esprit sur J.-C., principe de toutes les grâces, auteur et consommateur de notre salut ; elles leur apprendront, par l'exemple de S. Privat, les effets que produit la foi dans une âme fidèle, et quels sont les devoirs du véritable chrétien envers l'Eglise de J.-C.

Iᵉʳ JOUR.

Nécessité de la foi.

La foi, dit le saint Concile de Trente, est le commencement du salut, le fondement et la source de toute justification. La foi est aux autres vertus ce que la racine est à l'arbre, la pierre fondamentale à l'édifice, la fontaine au ruisseau, la mère à l'enfant. *Sans la foi il est impossible de plaire à Dieu; celui qui ne croira pas sera condamné.* Tels sont les enseignemens du grand Apôtre, tels sont les oracles de J.-C. lui-même. La foi est donc le seul chemin qui mène à la vie ; elle est la seule voie du salut éternel ; tout autre ne peut qu'égarer, que conduire à des précipices, au dernier des malheurs.

Celui qui ne croit pas toutes les vérités saintes que Dieu a daigné révéler aux hommes, et qu'il leur propose de croire par son Eglise, aurait beau avoir des mœurs pures et irréprochables, il aurait beau pratiquer toutes sortes de bonnes œuvres, faire des prières, des jeûnes, des aumônes, de tout cela il ne recueillera ni mérite ni récompense.

Quelle sera donc la surprise, la douleur, le désespoir de ceux qui, éloignés de la foi et séparés de l'Eglise, croient néanmoins amasser des trésors de mérite, lorsqu'ils se verront, au tribunal du souverain juge, les mains vides et sans une seule œuvre digne du ciel !

Que la condition du chrétien, qui croit d'une foi vive et animée par la charité, est bien différente ! Il n'y a pas un seul jour dans sa vie qui ne soit compté pour l'éternité bienheureuse, pas une de ses actions qui ne soit écrite dans le livre de vie, pas un moment de tribulation et de peine qui ne puisse lui valoir un poids immense de gloire !

Quand nous méditons ces grandes vérités, ne devrions-nous pas sentir notre cœur se fondre d'amour pour un Dieu qui a daigné nous faire naître dans le sein de son Eglise, préférablement à tant d'autres qui vivent dans les ténèbres de l'infidélité, du schisme ou de l'hérésie !

Que notre reconnaissance devrait être vive envers le glorieux S. Privat, qui, par ses immenses travaux et au prix de son sang, a éclairé nos pères des lumières de la foi, et nous a transmis à nous-mêmes un si précieux héritage ! Grâces immortelles vous soient à jamais rendues, ô mon Dieu, de nous avoir ouvert les sources de la vie ! Vous mettrez le comble à vos bontés en nous donnant la force de demeurer toujours fermes, inébranlables dans la foi, de puiser dans ses saintes maximes la règle de nos mœurs et de notre conduite, de vivre et de mourir dans les sentimens qu'elle prescrit, dans les affections qu'elle inspire. *Ainsi soit-il.*

S. Privat, priez pour nous.

IIᵉ JOUR.

Dignité à laquelle la foi nous élève.

Par la foi, nous sommes enfans de Dieu, et par conséquent héritiers de son bonheur et de sa gloire.

Par la foi, nous sommes disciples de J.-C., formés à son école, éclairés de ses lumières, nourris de la splendeur de ses promesses, instruits des vérités immuables de la religion.

Par la foi, nous sommes les frères de J.-C., les membres de J.-C., et par la même nous vivons de la vie d'un Dieu, puisque les membres d'un corps vivent de la vie de leur chef.

Par la foi, notre âme est le trône de Dieu, la demeure de la Trinité sainte; nos corps eux-mêmes, selon l'expression du grand Apôtre, sont les temples vivans du S. Esprit.

Quels titres! quel caractère! quelle grandeur! Ah! si nous les méditions bien, oserions-nous dégénérer, par le péché, de l'auguste caractère d'enfans de Dieu, de disciples, de frères, de membres de J.-C.? Si nous les méditions bien, ne nous efforcerions-nous pas de conformer notre vie à celle de J.-C., notre maître, notre chef et notre modèle?

Mais, hélas! nous vivons dans une dissipation continuelle, et l'irréflexion cause tous nos malheurs; nous sommes Chrétiens par la foi, et nous ne respectons ni cette sublime dignité, ni les devoirs qu'elle nous impose. Quels sujets n'avons-nous pas de gémir en voyant ce que la foi veut que nous soyons et ce que nous sommes?

La foi veut que nous soyons humbles, détachés du monde et de nous-mêmes, que nous soyons mortifiés, pleins de courage pour embrasser les rigueurs de la pénitence, combattre nos passions, nos inclinations, et faire de nous-mêmes des victimes continuelles.

La foi veut que nous soyons doux, patiens, charitables, que nous supportions les défauts des autres, que nous compâtissions à leurs peines, que nous excusions leurs fautes.

Et nous ne sommes que vanité, qu'orgueil; nous pensons comme le monde; nous suivons en tout les idées, les maximes, les exemples du monde; nous ne voulons rien souffrir; nous fuyons tout ce qui nous gêne; nous sommes vifs, impatiens, emportés; nous nourrissons dans nos cœurs des ressentimens, des aversions, des envies, des jalousies. Mon Dieu, nous le reconnaissons, ce sont là des désordres dignes de nos gémissemens et de nos larmes; faites-nous la grâce de les déplorer amèrement, et de rendre désormais notre vie entièrement conforme à notre croyance. Nous vous le demandons par l'intercession de S. Privat. *Ainsi soit-il.*

S. Privat, priez pour nous.

IIIᵉ JOUR.

Obligations que la foi nous impose.

C'est un bonheur inestimable, sans doute, d'avoir reçu le don de la foi, mais il ne suffit pas de reconnaître et de goûter ce bonheur, il faut encore remplir avec fidélité les obligations que la foi nous impose.

La première de ces obligations est une soumission humble et docile. La foi exige que nous croyions fermement tous les mystères qu'elle nous enseigne, et que nous regardions comme indispensable pour le salut l'accomplissement de tous les préceptes qu'elle nous donne ; elle l'exige d'une manière si absolue, que si quelqu'un vient à former le moindre doute sur un seul de ses dogmes, à regarder comme non obligatoire ou à mépriser un seul de ses commandemens, elle le méconnaît, elle le condamne, et s'arme contre lui de tous ses anathêmes.

La foi demande de plus que nous ayons ses intérêts à cœur, que nous les défendions avec zèle, et surtout que nous l'honorions constamment par nos œuvres.

Entrons ici en nous-mêmes, et voyons si nous avons été exacts à tous ces devoirs : avons-nous repoussé tous les doutes qui se sont élevés dans notre âme? quand la foi a des succès, y prenons-nous part pour nous en réjouir? quand elle éprouve des pertes, y som-

mes-nous sensibles pour nous en affliger?
Notre foi a des ennemis à craindre, des persécutions à essuyer, des combats à soutenir; eh
bien! sommes-nous remplis de sollicitude pour
elle? parlons-nous, agissons-nous, vivons-nous
pour elle? prions-nous pour sa conservation,
prions-nous pour ses défenseurs, prions-nous
pour ses enfans, prions-nous pour ses ennemis? honorons-nous notre foi par nos mœurs?
la rendons-nous respectable par notre conduite?

Ah! la foi trouvait dans S. Privat cette docilité humble et soumise, ce zèle ardent qui
dévorait son ame, ces œuvres saintes qui ren-
daient à Dieu le plus glorieux témoignage;
mais, dans nous, que trouve-t-elle? hélas!
elle n'y trouve souvent qu'ignorance, qu'indo-
cilité, que légèreté, que tiédeur et qu'indif-
férence. Souvent même nous ne craignons pas
d'exposer notre foi, en formant des liaisons
avec des personnes suspectes, en écoutant des
discours dangereux, en lisant des livres capa-
bles de porter le poison de l'erreur dans notre
esprit et dans notre cœur, en voulant parler
de tout, juger de tout, décider de tout.

Pardonnez-nous, ô mon Dieu, une conduite
si blâmable et souvent si criminelle; accordez-
nous la grâce de faire désormais des actes fréquens d'une foi vive, d'animer nos pensées,
nos désirs, nos actions, d'un esprit de foi, et
de faire toujours de cette sainte vertu la règle
de notre conduite. Nous vous le demandons

5

par l'intercession de S. Privat, notre patron, notre glorieux Apôtre. *Ainsi soit-il.*

S. Privat, priez pour nous.

IVe JOUR.

Jésus-Christ, objet de nos adorations et de nos hommages.

La foi nous enseigne que Jésus-Christ est Dieu, fils de Dieu, la splendeur du Père, l'image de sa substance, Dieu de Dieu, lumière de lumière, vrai Dieu de vrai Dieu, le créateur de toutes choses, le principe et la fin de tous les êtres, le souverain maître de l'univers, l'arbitre absolu du sort de toutes les créatures, le juge des vivants et des morts.

La foi nous montre en Jésus-Christ une majesté infinie qui domine tout, qui est au dessus de tout, et devant qui tout être créé n'est que cendre et que poussière.

La foi nous découvre en Jésus-Christ une sagesse infinie qui éclaire tout et dispose de tout;

Une puissance sans bornes qui fait entendre sa voix au néant et à qui rien ne résiste;

Une sainteté inviolable qui déteste jusqu'à l'ombre et l'apparence du péché, qui trouve des taches dans les rayons du soleil et devant qui les Anges même ne sont pas purs.

Pleins de ces grandes idées, ne devons-nous pas tomber aux pieds de Jésus-Christ, et, le front dans la poussière, l'adorer dans toute la profondeur de notre respect?

Ne devons-nous pas nous anéantir, tous les jours de notre vie, devant sa majesté suprême et redoutable?

Ne devons-nous pas lui faire un hommage continuel de notre dépendance, de notre soumission et de notre vie même, pour reconnaître la grandeur de son être et son domaine souverain sur toutes les créatures?

O Jésus! mon cœur est déchiré de douleur, en voyant que, jusqu'ici, je n'ai médité que superficiellement ces grandes et sublimes vérités. Excusez, ô Jésus, excusez mon ignorance, mon irréflexion et mon défaut d'amour, et, pour réparer mes infidélités autant que je le puis, souffrez que j'unisse mes faibles adorations aux adorations si profondes et si embrasées de S. Privat, mon glorieux patron, à celles des intelligences célestes qui environnent vôtre trône, et surtout à celles de Marie, votre auguste et divine Mère. Souffrez que je conjure le ciel, la terre et tout ce qu'ils renferment de vous adorer pour moi, de vous louer, de vous bénir, de vous aimer dans les siècles des siècles. *Ainsi soit-il.*

S. Privat, priez pour nous.

Ve JOUR.

Jésus-Christ considéré comme Rédempteur.

Les hommes, devenus, par le péché, ennemis de Dieu, esclaves du démon et victimes
dévouées aux flammes éternelles, n'auraient
jamais pu, par leurs propres forces, sortir
d'un si effroyable état. Ils avaient offensé,
outragé le Dieu d'une majesté infinie, il n'y
avait qu'un Dieu qui pût réparer cette offense
et cet outrage.

Le Verbe éternel, dans son amour infini,
s'est offert pour payer cette immense dette;
il a daigné devenir leur sauveur, leur libérateur.

C'est pour cela qu'il est descendu du ciel
sur la terre, qu'il s'est revêtu de la forme d'un
esclave, qu'il a passé sa vie dans les travaux,
dans les contradictions et dans les larmes,
qu'il a versé son sang, et a fini sa course par
la mort la plus cruelle et la plus infâme.

Voilà ce qu'il lui en a coûté pour être notre
rédempteur, notre sauveur; voilà jusqu'à quel
point il nous a aimés!

Oh! que tant d'amour et de si cruels sacrifices parlent à notre cœur, qu'ils le touchent
et l'embrâsent! que, désormais, Jésus soit
toujours l'objet de notre reconnaissance, de
nos affections et de notre amour!

Souvenons-nous que Jésus-Christ, en qualité de Sauveur, a satisfait pour nous à la jus-

tice inexorable de son père et déchiré l'arrêt de réprobation éternelle porté contre nous; mais nous ne sommes pas pour cela dispensés de contribuer nous-mêmes à la grande affaire de notre salut.

Comme créateur, le fils de Dieu nous a tirés du néant et nous a formés sans nous; mais, comme rédempteur, il ne veut pas nous sauver sans nous. Quand il paraîtra un jour élevé sur un char de feu, environné de tout l'éclat de sa gloire et de sa majesté, il nous demandera un compte rigoureux et de ses grâces et de toutes nos œuvres.

Unissons donc nos sentimens aux sentimens de Jésus-Christ, nos travaux, nos souffrances, aux travaux et aux souffrances de Jésus-Christ, notre mort même, s'il le faut, à la mort de Jésus-Christ, pour conquérir le ciel et assurer notre salut éternel.

S. Privat était bien pénétré de cette vérité fondamentale; ses travaux, ses privations, ses angoisses, ses jeûnes, les gémissemens de sa prière continuelle, sa soif ardente du martyre avaient pour motif de coopérer à la grâce de Jésus-Christ, de contribuer efficacement à sa propre sanctification et à celle de ses frères. Grand Saint, obtenez-nous la bonne volonté d'imiter votre exemple et de travailler sans relâche à sauver notre âme. *Ainsi soit-il.*

S. Privat, priez pour nous.

VIe JOUR.

De la Sainte Eucharistie.

Le Seigneur, Dieu des miséricordes, dit le Roi Prophète, a réuni l'abrégé de toutes ses merveilles, en préparant une nourriture à ceux qui le craignent.

C'est dans la sainte Eucharistie que s'accomplit cet oracle, c'est là qu'il fait éclater ses perfections adorables; c'est là qu'il opère un si grand nombre de prodiges, que S. Thomas compte soixante miracles dans une seule messe.

Il y fait éclater les merveilles de sa sagesse incompréhensible, de sa puissance sans bornes, mais il y fait éclater surtout les prodiges d'une bonté, d'une tendresse infinies. Dans l'excès de son amour, il nous donne son corps adorable pour servir d'aliment à nos ames, son sang précieux pour devenir notre breuvage et le gage, en même tems, de notre immortalité.

Telle est la bonté de Jésus-Christ, que, quoique faible et chétive créature, par la sainte communion, je reçois mon Dieu, mon créateur, mon roi, mon premier principe, ma dernière fin, je le reçois dans mon cœur, dans l'intérieur de mon ame; je le reçois en formant avec lui l'union la plus intime, la plus ineffable. Je reçois, dans la sainte communion, la plus grande grâce, la plus grande consolation, le plus grand bonheur que l'homme puisse recevoir sur la terre. Je reçois une grâce si précieuse et mon bonheur est si grand, que quand, pour communier une seule fois, il me faudrait soupirer toute ma vie, quand, pour cela, il me faudrait traverser les déserts, me transporter jusqu'aux extrémités de la terre, quand il me faudrait, pour obtenir cette grâce une seule fois, tout entreprendre, tout sacrifier, tout souffrir, ne devrais-je pas m'estimer heureux de l'obtenir à ce prix ?

Faveur de la sainte Communion ! faveur si grande que les Anges mêmes n'en sont pas dignes ; je dis plus, que Dieu, tout Dieu qu'il est, n'a rien de plus grand, de plus saint à accorder dans les trésors de sa miséricorde, de sa sagesse et de sa puissance !

Eh ! que peut-il donner de plus grand, de plus saint que lui-même ?

Que n'ai-je, ô Jésus, la foi des Apôtres pour reconnaître un si immense bienfait ! que n'ai-je le cœur des Séraphins pour vous en remercier ! O divine Marie, ô puissances célestes ! ô S. Privat ! prêtez-moi les flammes dont vous êtes embrasés pour témoigner à Jésus ma reconnaissance de ce qu'il daigne s'abaisser jusqu'à s'unir, s'incorporer à moi, faire couler son sang dans mes veines, me transformer en lui ! Ah ! que mes yeux versent jour et nuit des larmes de reconnaissance ! que mon cœur se consume de tendresse et d'amour ! *Ainsi soit-il.*

S. Privat, priez pour nous.

VIIe JOUR.

Dispositions à la Sainte Communion.

La Communion est l'action la plus grande, la plus sainte, la plus salutaire que le chrétien puisse faire sur la terre. Mais aussi, elle est celle de toutes les actions de la vie qui demande les plus saintes dispositions.

Communier sans les dispositions nécessaires, ce serait à la fois le plus grand des crimes et le plus grand des malheurs, puisque ce serait se rendre coupable du corps et du sang de Jésus-Christ même. Ce serait manger son jugement et boire sa condamnation. A la vue de ce crime, la foi tremble, la religion est alarmée, la piété frémit et recule d'horreur.

Or, les principales dispositions qu'il faut sont une disposition d'esprit et une disposition de cœur.

Disposition d'esprit; c'est-à-dire une foi vive qui, sous les apparences du pain et du vin, nous fasse voir, dans la sainte Eucharistie, Jésus-Christ tout entier, son corps, son sang, son ame, sa divinité. Cette foi doit être ferme et inébranlable, en sorte que le chrétien, en approchant de la table sainte, doit être prêt à donner sa vie et à verser son sang jusqu'à la dernière goutte, pour soutenir la vérité de la présence réelle de Jésus-Christ dans la divine hostie qu'il va recevoir.

Disposition de cœur; c'est-à-dire l'exemption de tout péché mortel, et, autant que possible, de péché véniel. Le cœur, qui, se sentant souillé d'une faute mortelle, recevrait Jésus-Christ avant de s'être lavé dans le sacrement de pénitence, serait un profanateur sacrilége et ne trouverait, dans les divins mystères, qu'une nourriture et un breuvage de mort.

Mais la disposition la plus sainte et la plus propre à nous attirer l'abondance de toutes les grâces, c'est un grand amour pour Jésus-Christ et un ardent désir de nous unir à lui ; amour sincère qui vienne du cœur ; amour enflammé qui embrâse tous nos sentimens ; amour généreux qui sache offrir, s'il le faut, les plus grands sacrifices ; amour pénitent qui déplore ses infidélités ; amour constant qui dure autant que la vie.

O Jésus ! vous méritez tous ces sentimens et tout cet amour ; mais, hélas ! que j'en suis éloigné ! Venez donc, ô Jésus ! je vous en conjure par l'intercession de S. Privat ; venez allumer dans mon cœur le feu sacré ! je désire ardemment de vous recevoir, mais je désire avec la même ardeur me préparer à vous recevoir saintement. Je voudrais que mon cœur fût tout embrâsé, tout consumé des mêmes flammes qui consument les Séraphins dans le ciel. O Dieu d'amour, remplissez mon ame d'une ardeur toute céleste. *Ainsi soit-il.*

S. Privat, priez pour nous.

VIIIe JOUR.

Effets de la foi et de la charité dans S. Privat, notre Apôtre et notre illustre Patron.

S. Privat, animé d'une foi vive, d'une charité ardente, fit de son cœur le sanctuaire de la vertu, de sa bouche l'interprète de la vérité, de toute sa conduite l'expression fidèle de l'homme Dieu.

La foi lui fit abandonner ses biens, ses parens, sa patrie ; elle le fit triompher des erreurs du monde, elle lui fit mépriser ses douceurs, braver ses menaces. Elle l'éleva au dessus de l'horreur des tourmens, de la rage des bourreaux et de la mort même.

Sacrifie aux idoles, lui disait-on, sans quoi tu vas trouver la mort au milieu des tortures.

Vous pouvez me tourmenter, répondait-il, je ne suis homme que pour mourir ; mais je suis chrétien, et je le suis pour mourir en faisant la volonté de mon Dieu.

Frappez, déchirez, brûlez, immolez mon corps, si vous le voulez, mon âme est à l'abri de vos fureurs ; elle est à mon créateur, et la grâce qui m'anime la rendra triomphante.

C'est ainsi qu'il parle, et les tyrans ont beau prononcer son arrêt de mort, les bourreaux ont beau préparer sous ses yeux les instrumens de son supplice, ils ont beau le couvrir de plaies et de meurtrissures, ils ont beau briser de coups, son courage est inébranlable ; il accepte la mort comme un bienfait, et, en échange de cette misérable vie, il reçoit la couronne d'immortalité, de bonheur et de gloire.

Nous sommes les enfans de S. Privat, nous avons hérité de sa foi ; mais cette foi est-elle dans nous, comme dans lui, vive et agissante ? sommes-nous disposés à tout sacrifier, à tout souffrir, plutôt que de la perdre, plutôt même que de nous exposer à la perdre ?

Si, pour la conserver, la défendre, il fallait, à l'exemple de S. Privat, souffrir le martyre, trouverait-elle en nous des martyrs ou des apostats ?

O glorieux S. Privat ! Dieu s'est servi de vous pour faire briller à nos yeux le flambeau de la foi ; c'est de vous que nous avons reçu ce précieux héritage. Ah ! veillez toujours du haut du ciel sur ce sacré dépôt ! obtenez de Dieu qu'il ne nous soit jamais enlevé ; ne permettez pas qu'une Eglise que vous avez établie, et qui vous honore comme son protecteur et son défenseur, soit jamais victime des fureurs de l'erreur, du mensonge et du vice. *Ainsi soit-il.*

S. Privat, priez pour nous.

IXe JOUR.

Sentimens que doit avoir un chrétien pour l'Église de Jésus-Christ.

Dieu ne pouvait nous accorder un plus grand bienfait que de nous faire naître dans le sein de son Eglise. Sans cette grâce toutes les autres seraient inutiles, puisque hors de cette Eglise sainte, il n'y a point de salut.

Mais il ne suffit pas de reconnaître ce bienfait, il faut encore en témoigner à J. C. notre reconnaissance par des sentimens d'amour et une entière soumission envers son Eglise.

L'Eglise est notre mère, elle nous a reçus dans ses bras, elle nous a régénérés dans les eaux sacrées du baptême, elle nous a instruits dès notre enfance, et nous conduit par la main dans les voies du ciel. Si nous nous égarons, elle nous rappelle avec bonté ; si nous revenons, elle nous reçoit avec tendresse ; elle nous distribue, aux pieds des saints autels, le pain des Anges ; elle nous donne à sa table le breuvage d'immortalité dans le sang de l'Agneau sans tache. Elle offre sans cesse pour nous des prières, des gémissemens, des sacrifices, c'est surtout à l'heure de notre mort que sa tendresse est alarmée et que sa sollicitude est inexprimable ; elle redouble ses prières, elle nous prodigue ses soins, elle nous munit de ses sacremens, et lorsqu'elle a recueilli notre dernier soupir, elle offre sur nos restes inanimés la victime du salut et ne nous oublie jamais.

De si grands bienfaits ne sont-ils pas des voix éloquentes qui sollicitent notre amour pour une si tendre mère ? et à qui donnerions-nous nos affections, si nous avions l'ingratitude de les lui refuser ?

Que nous serions coupables aussi si nous n'avions pas pour cette épouse sainte de J. C. un respect plein d'obéissance et de soumission ! Dieu l'exige de nous cette obéissance, sous peine de damnation éternelle. *Qui vous écoute,* dit J. C. à son église, *m'écoute ; qui vous méprise, me méprise. Celui qui n'écoute pas l'Eglise, doit être regardé comme un païen et un publicain.*

Quel sera donc le sort de ceux que l'infidélité, le schisme ou l'hérésie retiennent hors du sein de l'église catholique ? quel sera le sort encore de tous ceux qui méprisent ses enseignemens, ses pratiques, qui sont rebelles à sa doctrine, à ses préceptes ! Pour nous, ô mon Dieu ! nous savons apprécier le bonheur d'être enfans de votre Eglise ; faites nous la grâce de l'aimer, de la respecter, de lui obéir toujours comme à la meilleure, à la plus tendre des mères ; faites que nous nous réjouissions toujours de ses prospérités, que nous nous affligions de ses pertes, que nous la soutenions, que nous la défendions au péril de notre sang et de notre vie. Nous vous demandons ces faveurs, par l'intercession de S. Privat, qui a

tout sacrifié et s'est sacrifié lui-même pour
l'honneur et la gloire de votre Eglise. *Ainsi
soit-il.*

S. Privat, priez pour nous.

CHAPITRE V.

*Indulgences accordées par les Souverains Pontifes
à ceux qui ont recours à l'intercession de Saint
Privat.*

Il y a indulgence plénière, 1° le 21 août, jour
de la fête de S. Privat.

2° Même indulgence, le troisième dimanche
après Pâques, fête de l'invention des reliques
du S. Martyr.

3° Une indulgence plénière que chaque
fidèle peut gagner une fois pendant l'octave
de la fête de S. Privat.

4° Une indulgence plénière le second et le
quatrième jeudi de chaque mois, excepté le
mois d'août, où elles sont fixées au 25 et au 28.

5° Une indulgence plénière tous les diman-
ches du mois de septembre.

Pour gagner ces indulgences, qui sont toutes
à perpétuité, il faut être sincèrement contrit,
s'être confessé, avoir communié, visiter les
trois chapelles de l'Hermitage et y prier quelque tems selon l'intention du souverain pontife.

6° Il y a enfin une indulgence plénière le dernier dimanche des mois de décembre, janvier et février, pour tous ceux qui sincèrement contrits, confessés et communiés, visitent celle des chapelles de la cathédrale de Mende qui est dédiée à S. Privat, et y prient pendant quelque tems selon les intentions du souverain pontife.

CANTIQUE
EN L'HONNEUR DE SAINT PRIVAT.

AIR des Cantiques : *Toi dont la divine flamme.*
Ou bien : *Pour célébrer de Marie.*
Ou bien encore : *Au sang qu'un Dieu va répandre.*

Accourez, peuple fidèle,
De Privat heureux troupeau ;
Enfans chéris de son zèle,
Apportez un cœur nouveau.
Cette grotte solitaire,
Témoin de sa vive foi,
Vous dit que ce tendre père
Prêcha la divine loi.

L'Enfer, artisan des crimes,
Trompait les faibles mortels ;
Le sang de mille victimes
Arrosait d'impurs autels.
Privat paraît ; son courage
Affronte tous les dangers ;

Il parle : à la voix du sage
Cessent les vœux mensongers.

Croix de Jésus, ta présence
Touche et convertit les cœurs ;
Satan frémit : ta puissance
Règne, et détruit les erreurs.
Tombez, idoles muettes,
Vil ouvrage du démon ;
Le vrai Dieu, dans vos retraites,
Veut exalter son saint nom.

Il brille dans nos contrées,
De la Foi le doux flambeau ;
Venez, brebis égarées,
Au pâturage nouveau :
Là, coulent des eaux limpides,
Source de paix, de bonheur,
Qui portent aux lieux arides
Le germe de la vigueur.

Foi céleste, que tes charmes
Sont dignes de nos transports !
Tu viens pour sécher nos larmes,
Soutiens, bénis nos efforts.
Par toi, l'immense Sagesse
Laisse entrevoir ses rayons,
La Charité, qui nous presse,
Nous enrichit de ses dons.

Armé de tes saints oracles,
Privat nous donna la paix ;
Zèle, ardeur, combats, miracles,
Tout répandit tes bienfaits.
Le Ciel bénit sa constance,
Et la moisson du Seigneur,
Par une heureuse abondance,
Consola ce bon Pasteur.

Son sang, qu'une main cruelle
Osa verser à grands flots,
Scella l'œuvre de son zèle,
En couronnant ses travaux.
Martyr, il vit le Calvaire
En disciple généreux;
Pour nous bon ami, bon père,
Il veille du haut des cieux.

Grand Saint, soyez notre asile,
Protégez vos chers enfans;
De notre vertu fragile
Les efforts sont inconstans.
Si le souffle impur du vice
Vient flétrir nos cœurs ingrats,
Montrez-nous le précipice
Qui s'entr'ouvre sous nos pas.

Chrétiens, qui cherchez la gloire
Et le bonheur des élus;
Pour remporter la victoire,
Prix des solides vertus,
Imitez votre modèle,
Votre bien-aimé Patron,
Et la couronne immortelle
Embellira votre front.

CHAPITRE VI.

OFFICES DE S. PRIVAT.

(21 AOUT.)

FÊTE DE SAINT PRIVAT,

MARTYR, PREMIER ÉVÊQUE ET PATRON DU GÉVAUDAN.

Annuel.

AUX PREMIÈRES VÊPRES.

Psaumes de la Férie.

Ant. Serve meus, apprehendi te, à longinquis vocavi te; ne timeas, quia ego tecum sum. (Is. 41.)

Ant. Ego mitto te aperire oculos cœcorum, ut convertantur à tenebris ad lucem, et de potestate Satanæ ad Deum. (Act. 26.)

Ant. Surge, et vade, et prœdica prœdica-

Ant. Mon serviteur, je vous ai pris par la main, je vous ai fait venir d'une région lointaine; ne craignez rien, car je suis à vos côtés.

Ant. Je vous envoie pour ouvrir les yeux des aveugles, afin qu'ils passent des ténèbres à la lumière, et de la tyrannie de Satan sous la puissance de Dieu.

Ant. Levez-vous, partez, et prêchez ma parole, pour remplir la mission que je vous confie.

Ant. L'orgueil de l'homme sera abaissé, la fierté des puissans du siècle sera humiliée, et les idoles seront réduites en poudre.

Ant. La foi régnera dans votre tems ; la sagesse et la science seront les sources abondantes du salut.

tionem quam ego loquor ad te. (Jon. 3.)

Ant. Incurvabitur sublimitas hominum, et humiliabitur altitudo virorum, et idola penitùs conterentur. (Is. 2.)

Ant. Erit fides in temporibus tuis ; divitiæ salutis sapientia et scientia. (Is. 33.)

CAPITULE.

Voici ce que dit le Seigneur : Ecoutez-moi, cœurs insensibles, qui vous tenez éloignés des voies de la justice. Elle est déjà près de vous ; elle va paraître, et bientôt je vous sauverai.

Hæc dicit Dominus : Audite me duro corde, qui longè estis à justitiâ : Propè feci justitiam meam ; non elongabitur, et salus mea non morabitur. (Is. 46.)

RÉPONS.

C'est moi qui l'ai suscité pour faire régner la justice ; je le dirigerai dans toutes ses voies. *Il fera cesser la captivité de mon peuple. ¿Celui-ci est un vase d'élection, je l'ai choisi pour porter mon nom au milieu des Gen-

Ego suscitavi eum ad justitiam, et omnes vias ejus dirigam. *Jose captivitatem meam dimittet. ℣. Vas electionis est mihi iste, ut portet nomen meum coràm gentibus. *Jo-

se. Gloria. * Captivita-
tem. (Is. 45. Act. 9.)

tils. * Il fera. Gloire. * Il
fera.

HYMNE.

Quæ dies terris tibi sa-
cra, Martyr,
Hæc redit nobis quoque,
Pastor almé,
Tu bonus nostros, tua
nos propago,
Excipe cantus.

Illustre pasteur, le jour
que la gloire de votre
martyre vous a fait con-
sacrer sur la terre, est
aussi pour nous un jour
de fête par son retour
annuel ; père tendre ,
nous sommes vos enfans;
écoutez nos chants avec
bonté.

Nostra gens per te modo
Christiana
Se tibi debet, tibi cessit
error ;
Luce lustrâsti populos
sub altâ
Nocte jacentes.

C'est par vos prédica-
tions que les habitans
de nos contrées sont de-
venus chrétiens; ils sont
votre conquête ; vous
avez dissipé l'erreur et
environné d'une vive lu-
mière des peuples triste-
ment plongés dans les
ténèbres de la nuit.

Dæmonum cultus, simu-
lacra divûm,
Sacra cum fanis, et ad-
hùc madentes
Sordido , vili pecudum
cruore,
Diruis aras.

Culte des démons, vai-
nes idoles, profanes cé-
rémonies et temples du
paganisme, autels encore
imbibés du sang immon-
de de vils animaux, tout
disparaît, tout s'écroule
à votre voix.

Hic labor magnus ; sed
enim feroces,
Et reluctantes populos
doceri,
Et jugo Christi, tibi pæ-

C'est une œuvre im-
portante et difficile; mais
surtout quels pénibles
efforts ne vous faut-il
pas, pour adoucir un

peuple barbare, et qui repousse le don de la foi, pour soumettre au joug de Jésus-Christ une nation idolâtre !

Ces esprits impies s'obstinent dans l'erreur, et sont enveloppés d'épaisses ténèbres. Vous paraissez, le flambeau à la main ; et, arrachant les épines, vous répandez la bonne semence.

La Charité vous presse ; votre courage intrépide combat les cœurs rebelles. Vous annoncez le Christ, cet Homme-Dieu dont la mort violente a effacé les péchés du monde.

Ce Dieu, mort sur le bois infâme de la croix, est l'objet de leurs railleries ; cependant, vous ne vous lassez point de faire retentir le nom du Christ, et vous brûlez du désir de mourir, à son exemple, en répandant votre sang pour la foi.

On entraîne cet envoyé du Christ, ce pontife vénérable. Et ceux qu'il a convertis et régénérés dans l'eau baptismale suivent son exemple, et

na major,
  Subdere gentes.

Impias mentes tenet obstinatus
Error, et densis fruitur tenebris :
Fers diem ; vulsis meliora spinis
  Semina mandas.

Caritas urget ; malè contumaces
Increpas audax. Hominem Deumque
Prædicas Christum ; nece qui piavit
  Crimina mundi.

Hunc Deum, ligno crucis in probroso
Mortuum rident : resonare Christum
Non tamen cessas, cupidus vicissim
  Fundere vitam.

Nuntius Christi rapitur sacerdos :
Quosque lustrali priùs expiatos
Tinxerat lymphâ, socius peremptos

Junxit Olympo.

Laus tibi magni domi-
nator orbis :
Quos tu creasti memor
usque serva,
Quem fides veri studiosa
Trinum
Credit et unum.
Amen.

℣. Dominus dabit
verbum evangelizanti-
bus.

℟. Virtute multâ.

un glorieux martyre les
réunit avec lui dans le
ciel.

Gloire à vous , maître
puissant de ce vaste uni-
vers : vous nous avez
créés , conservez - nous
par votre bonté , vous
que la foi sincère adore ;
en reconnaissant en vous
unité de nature et trinité
de personnes.
Ainsi soit-il.

℣. Le Seigneur parlera
par la bouche des héraults
de sa gloire ;

℟. Il leur donnera une
grande force.

A Magnificat.

Ant. Ecce super
montes pedes evange-
lizantis, et annuntian-
tis pacem. Celebra ,
Juda, festivitates tuas,
et redde vota tua.
(Nahum. 1.)

Voyez marcher sur les
montagnes celui qui nous
apporte la bonne nouvelle
et qui nous annonce la
paix. Juda , solennisez
vos fêtes et accomplissez
les vœux que vous avez
faits au Seigneur.

L'Oraison sera aux deuxièmes Vêpres.

A TIERCE.

Ant. Dixit rex : qua-
re non adoras Bel ?
Qui ait : Non colo ido-
la manufacta , sed vi-

Ant. Le roi lui dit :
Pourquoi n'adores-tu pas
Bel ? Le saint répondit :
Je n'adore point des ido-

les fabriquées par la main des hommes, mais le Dieu vivant qui a fait le ciel et la terre.

ventum Deum, qui créavit cœlum et terram.

CAPITULE.

Nous combattons avec des armes qui ne tirent pas leur force d'un bras de chair, mais que Dieu rend puissantes pour renverser les plus fermes remparts. C'est par ces armes que nous détruisons les raisonnemens humains et tout ce qui s'élève avec hauteur contre la science de Dieu, et que nous réduisons en servitude tous les esprits, pour les soumettre à l'obéissance de J.-C.

℟. *br.* Je souffre tout avec patience pour l'amour des élus. Louez Dieu, louez Dieu. ℣. Afin qu'ils acquièrent aussi bien que nous le salut. Louez Dieu. Gloire. Je souffre.

℣. Je me suis fait tout à tous.

℟. Pour les sauver tous.

Arma militæ nostræ non carnalia sunt, sed potentia Deo ad destructionem munitionum, consilia destruentes, et omnem altitudinem extollentem se adversus scientiam Dei, et in captivitatem redigentes omnem intellectum in obsequium Christi.

℟. *br.* Omnia sustineo propter electos. * Alleluia, alleluia. ℣. Ut et ipsi salutem consequantur. * Alleluia, alleluia. Gloria Patri. Omnia.

℣. Omnibus omnia factus sum.

℟. Ut omnes facerem salvos.

A LA PROCESSION.

Non recedet memoria ejus, et nomen ejus requiretur à generatione in generationem. * Sapientiam ejus enarrabunt gentes, et laudem ejus enuntiabit Ecclesia. Hic est qui fuit in Ecclesiâ cum patribus nostris, qui accepit verba vitæ dare nobis. * Sapientiam. Gloria. Non recedet.

℣. Magnificavit Dominus facere nobiscum.

℟. Facti sumus lætantes.

Sa mémoire ne s'effacera pas de l'esprit des hommes, et son nom sera honoré dans tous les siècles. * Les nations publieront sa sagesse, et l'Eglise chantera des cantiques en son honneur. C'est lui qui a été le pasteur de nos pères, et qui a reçu des paroles de vie pour nous les donner. * Les nations. Gloire. Sa mémoire.

℣. Le Seigneur a fait de grandes choses pour nous.

℟. Nous sommes comblés de joie.

OREMUS.

Omnipotens sempiterne Deus, qui beatum Privatum martyrem tuum atque pontificem Ecclesiæ tuæ sanctæ præesse voluisti, quæsumus, ut ejus suffragantibus meritis pietati tuæ nobis gratiam largiaris. Per.

ORAISON.

Dieu tout-puissant et éternel, qui avez choisi S. Privat, votre martyr et votre pontife, pour être le pasteur de votre sainte Eglise, nous vous prions de nous accorder, par la vertu de ses mérites, l'abondance de vos miséricordes.

A LA MESSE.

INTROÏT.

Il annonça tout ce que le Seigneur avait dit, et il fit des miracles devant le peuple, et le peuple crut. *Ps.* Nous vous louerons, ô Dieu ! nous vous louerons et nous invoquerons votre nom. Gloire. Il annonça.

Locutus est omnia verba quæ dixerat Dominus, et fecit signa coram populo, et credidit populus. *Ps.* Confitebimur tibi, Deus : confitebimur et invocabimus nomen tuum. Gloria. Locutus est.

ORAISON.

Dieu puissant, qui par la prédication du Bienheureux S. Privat, votre pontife et votre martyr, avez fait passer à la lumière admirable de l'Evangile des peuples ensevelis dans les ténèbres de l'infidélité, faites que par l'intercession de votre saint pontife, nous croissions de plus en plus dans la grâce et la connaissance de N. S. J. C.; Qui vit.

OREMUS.

Deus qui beati Privati, pontificis tui et martyris, prædicatione de infidelitatis tenebris populos in admirabile Evangelii lumen transtulisti ; fac ut ejus intercessione crescamus in gratia et cognitione Domini nostri Jesu Christi Filii tui ; Qui tecum vivit.

Mémoire de l'Assomption.

ORAISON.

Faites, Seigneur, que l'auguste solennité que nous célébrons attire sur nous votre grâce, en ce jour dans lequel la bien-

OREMUS.

Veneranda nobis, Domine, hujus diei festivitas opem conferat salutarem, in qua sancta Dei genitrix mortem subiit temporalem, nec tamen mortis nexibus deprimi potuit, quæ Filium tuum Dominum nostrum Jesum Christum de se genuit incarnatum.

heureuse mère de Dieu a souffert la mort temporelle, sans que la mort ait pu retenir dans ses liens celle qui a enfanté N. S. J. C. votre Fils.

Nota. A la Collecte, à la Secrète, à la Post-Communion et à Vêpres, on fait aussi mémoire du Dimanche occurrent dont on lit l'Evangile à la fin de la Messe.

Lectio Epistolæ Beati Pauli Apostoli, ad Corinthios, 2. C. 12.

Lecture de l'Epitre de S. Paul, Apôtre, aux Corinthiens.

Fratres : nihil minùs fui ab iis qui sunt suprà modum apostoli : tametsi nihil sum. Signa tamen apostolatùs mei facta sunt super vos, in omni patientiâ, in signis et prodigiis, et virtutibus. Quid est enim quod minùs habuistis præ cœteris ecclesiis, nisi quod ego ipse non gravavi vos. Donate mihi hanc injuriam. Ecce tertio hoc paratus sum venire ad

Mes frères, je n'ai été en rien inférieur aux plus éminens d'entre les Apôtres, encore que je ne sois rien. Aussi vous ai-je donné des marques de mon apostolat par une patience à l'épreuve de tout, par les signes, les prodiges et les miracles. Or, en quoi avez-vous été inférieurs aux autres églises, si ce n'est que je ne vous ai point été à charge : pardonnez-moi le tort que je vous ai fait en cela. Voici la troisième fois que je me prépare pour vous aller voir, et ce sera encore sans vous être à charge ; car c'est vous que je cherche, et non votre bien, puisque ce n'est pas aux enfans à en amasser pour leurs pères, mais aux pères à le faire pour leurs enfans. Aussi, pour ce qui est de moi, ce sera avec plaisir que je donnerai tout ce que j'ai, et que je me donnerai encore moi-même pour le salut de vos ames.

vos, et non ero gravis vobis. Non enim quæro quæ vestra sunt, sed vos. Nec enim debent filii parentibus thesaurisare, sed parentes filiis. Ego autem libentissimè impendam et super impendar ipse pro animabus vestris.

GRADUEL.

Il s'est élevé comme un feu, et ses paroles brûlaient comme un flambeau ardent. Quelle gloire il s'est acquise par ses miracles, et qui peut se glorifier comme lui. ℣. Il se sentait ému au dedans de lui-même, en voyant que cette ville était livrée à l'idolâtrie.

Surrexit quasi ignis et verbum ipsius quasi facula ardebat ; amplificatus est in mirabilibus suis ; et quis potest similiter sic gloriari tibi. ℣. Incitabatur in ipso spiritus ejus, videns idolatriæ deditam civitatem.

Louez Dieu, louez Dieu.

℣. Sa gloire est grande pour l'œuvre du salut ; vous le revêtirez d'éclat et de majesté, car vous l'avez établi la source des bénédictions pour tous

Alleluia, alleluia.

℣. Magna est gloria ejus in salutari tuo, Domine ; gloriam et magnum decorem impone ssuper eum ; quoniam dabis eum in benedictionem in seculum seculi. Alleluia.

les tems. Louez Dieu.

PROSE.

Sub nocte jacentibus,
Quæ Gabalicensibus,
Nova lux exoritur !

Ut mentes indomitas,
Blandè mulcet veritas,
Dùm præsul adoritur !

Hic nostris præpositus,
Majoribus cœlitùs,
Quos Christo subjiceret.

Quantâ nixus operâ,
Verbo potens effera
Ut corda subigeret.

Totus apostolicis
Se tradit muneribus :
Quod prædicat cœlicis
Hoc monstrat virtutibus.

Fugat radiantibus
Errores eloquiis
Tùm fletù, laboribus,
Votis et jejuniis.

Cas amor hunc adurit :
Nos, non nostra, pastor quærit,
Vel sui dispendio.

Quel astre nouveau se lève pour les Gévaudanais encore plongés dans la nuit de l'erreur.

Comme la vérité adoucit leurs esprits rebelles aussitôt que Privat la leur fait entendre !

C'est le ciel dans sa miséricorde qui l'envoya vers nos pères pour les gagner à Jésus-Christ.

Que de soins il se donnait, pour soumettre par la force de la parole ces cœurs encore féroces.

Livré sans réserve aux fonctions de l'apostolat, il confirme ses leçons par l'exemple de ses vertus.

Les larmes, les jeûnes, les travaux et la prière sont les armes dont il se sert pour combattre l'erreur, et ses discours sont autant d'éclairs qui la foudroient.

Brûlant d'une chaste flamme, ce zélé Pasteur ne cherche point nos biens, mais nos âmes au péril de sa propre vie.

Aussi, vaincue par le glaive de la parole, la nation qu'il évangélise se soumet avec empressement au joug de J.-C.

Christi jugo submittitur
Gens sponte suâ vincitur,
Cedit verbi gladio.

Déjà un troupeau de fidèles entend la voix du Pasteur, ses travaux sont couronnés, et une église naissante se forme autour de lui.

Audit vocem grex pastoris;
Fit seges ampla laboris,
Fit nascens ecclesia.

La douceur chrétienne prend la place de la férocité; dans leur cœur la foi brille, et les divinités mensongères tombent dans l'avilissement.

Fera corda mansuescunt;
Fides crescit, et vilescunt
Numina mendacia.

On rougirait désormais de leur immoler des victimes; leurs temples s'écroulent, leurs autels sont renversés, et on s'empresse de porter aux autels du vrai Dieu les sacrifices dignes de la pureté de son culte.

Dîs jam pudet immolare,
Ruunt fana, jacent aræ :
Deo gestit gens litare
Puro sacrificio.

Mais de quelle fureur est donc agité le barbare ennemi qui fait marcher devant lui le feu et la flamme, et que suivent la désolation et la mort? Déjà notre Pasteur est menacé, mais c'est en sait mourir pour et non pas les livrer.

At quis furor agit hostem,
Igne, ferro populantem,
Pastori frustrà minantem,
Oves dare nescio.

Ictus frustrà geminantur:
Tortores nil consequen-
tur :
Suos amat,
Christum orat,
Invictus fert vulnera.

Vi plagarum senex cadit,
Jug vitæ mors hunc red-
dit,
Caritatis,
Veritatis
Martyr refert munera.

Quam sanxit martyrio
Stet semper religio.
Amen.

Qu'on multiplie les coups, qu'on invente de nouveaux tourmens, on n'y gagnera rien : Privat aime les siens, il prie pour eux et demeure invincible au milieu des supplices.

Ce vieillard vénérable succombe enfin à la violence des coups dont il est meurtri. La mort le rend à une vie immortelle, et il reçoit des mains du Tout-Puissant la couronne réservée au martyr de la charité et de la vérité.

Puisse la religion qu'il a scellée de son sang résister aux efforts de l'enfer, et demeurer à jamais au milieu de nous ! Ainsi soit-il.

Sequentia S^{ti} Evangelii secundùm Marcum.

Suite du saint Evangile selon S. Marc.

In illo tempore, dixit Jesus discipulis suis : euntes in mundum universum, prædicate evangelium omni creaturæ. Qui crediderit et baptizatus fuerit, salvus erit ; qui vero non crediderit,

En ce tems-là, Jésus dit à ses disciples : allez partout le monde prêcher l'Evangile à toute créature. Celui qui croira et sera baptisé sera sauvé ; mais celui qui ne croira point sera condamné. Voici les miracles que feront ceux qui auront reçu la foi : ils chasseront les démons en mon nom ; ils parleront de nouvelles langues ; ils manieront les serpens ; s'ils boivent quelque breuvage mortel, il ne leur fera point de mal, et par l'imposition de leurs mains ils guériront les malades.

condemnabítur. Signa autem eos qui crediderint, hæc sequentur ; in nomine meo dæmonia ejicient ; linguis loquentur novis ; serpentes tollent, et si mortiferum quid biberint, non eis noscebit, super ægros manus imponent et benè habebunt.

OFFERTOIRE.

Il apaisa la colère de Dieu contre Israël, par sa bonté et par son zèle, c'est pourquoi Dieu a fait avec lui une alliance de paix ; il lui a donné la principauté des choses saintes, afin que lui et sa race possèdent pour toujours la dignité du sacerdoce.

In bonitate et alacritate animæ suæ placuit Deo pro Israël ; ideo statuit illi testamentum pacis, ut sit illi sacerdotii dignitas in æternum.

SECRÈTE.

Bénissez, Seigneur, l'offrande que nous présentons à votre divine majesté dans ce jour où nous célébrons la fête de S. Privat, votre martyr et votre pontife, et faites qu'en vous rendant de dignes actions de grâces

Benedictio tua, Domine, super hæc munera descendat, quæ in solemnitate sancti pontificis et martyris tui Privati, majestati tuæ offerimus, et præsta, ut dignas super nenarrabili dono fidei gratias tibi referentes, quod mente credimus, corde sectemur et opere impleamus.

pour le don ineffable de la foi, nous recherchions de tout notre cœur et accomplissions par nos œuvres tout ce qui est l'objet de notre croyance.

Mémoire de l'Assomption.

Munera nostra, Domine, apud tuam clementiam Dei genitricis commendet oratio, quam de præsenti seculo pro conditione carnis migrantem inæstimabili gloriâ coronâsti, et potenti intercessione nobis apud te tribuis subvenire. Per.

Que nos dons deviennent agréables à votre infinie miséricorde, Seigueur, par la sainte Mère de Dieu que vous avez couronnée d'une gloire inestimable, en la retirant du siècle présent selon la condition de sa nature mortelle, et que vous nous donnez dans le ciel pour une puissante protectrice par son intercession auprès de votre divine majesté. Par.

PRÉFACE. (A la page 120.)

COMMUNION.

In populo hæreditabit honorem; et nomen illius erit vivens in æternum.

Il s'acquerra de l'honneur parmi son peuple, et son nom vivra éternellement.

POSTCOMMUNION.

Salutari mysterio, quæsumus, Domine, conserva in fideli populo misericordiam tuam : et nos beati Pri-

Nous vous conjurons, Seigneur, par les saints mystères qui viennent d'être célébrés, de conserver les effets de votre miséricorde parmi le peuple fidèle, et faites que par l'intercession de S. Privat, votre martyr et votre pontife, nous nous attachions de plus en plus à vos préceptes. Nous vous en prions par J.-C. N. S.

vati, martyris tui et Pontificis intercessione, tuis facias firmiùs inhærere documentis. Per.

Mémoire de l'Assomption.

O Dieu! qui glorifiez les humbles, et qui avez en ce jour élevé la bienheureuse Vierge Marie au dessus des Anges, accordez à ceux que vous avez nourris du pain céleste dans cette solennité, la grâce de l'humilité qu'elle a pratiquée sur la terre, afin de mériter d'avoir part à la gloire dont vous l'avez récompensée.

Deus glorificator humilium qui beatam Mariam virginem hodiernâ die super Angelos extulisti, da nobis cœlesti pane in hâc solemnitate nutritis, ut ejus imitatione nosmetipsos in omnibus humiliantes à te exaltari mereamur. Per.

Quæsumus, omnipotens Deus, etc., *page* 123.

A SEXTE.

Ant. Je ne crains rien; il me suffit que j'achève ma course et que j'accomplisse le ministère que j'ai reçu du Seigneur Jésus, qui est de prêcher l'Evangile de la grâce de Dieu.

Ant. Nihil vereor, dummodo consummem cursum meum et ministerium verbi quod accepi à Domino Jesu, testificari Evangelium gratiæ Dei.

CAPITULE.

Qui timet Dominum nihil trepidabit et non pavebit, quoniam ipse est spes ejus.

℞. br. Positus sum prædicator et apostolus * et magister gentium. Alleluia, alleluia. Positus sum. ℣. Ob quam causam * hæc patior. Alleluia. Gloria Patri. Positus sum.

℣. Laboro usquè ad vincula quasi malè operans.

℞. Sed verbum Dei non est alligatum.

Celui qui craint le Seigneur ne craindra pas autre chose et ne tremblera pas, parce que Dieu même est son espérance.

℞. br. J'ai été établi le prédicateur et l'apôtre, et le maître des nations. Louez Dieu, louez Dieu. J'ai été établi. ℣. Et c'est pour cela que je souffre tous ces maux. Louez Dieu. Gloire. J'ai été établi.

℣. Je souffre jusqu'à être dans les chaînes comme un scélérat.

℞. Mais la parole de Dieu n'est point enchaînée.

A NONE.

Ant. Rex accensus irà, in hunc crudeliùs desævit, et hic mundus obiit, per omnia in Domino confidens.

Ant. Le roi, tout enflammé de colère, sévit avec plus de cruauté contre celui-ci; et le martyr mourut, sans être souillé, dans une parfaite confiance en Dieu.

CAPITULE.

Non in vacuum cucurri, neque in vacuum laboravi; sed etsi immolor suprà sa-

Je n'ai pas couru en vain, ni travaillé inutilement; mais quand même je devrais répandre mon sang pour assurer votre soumission à la foi par un généreux sacrifice , je m'en réjouirais en moi-même et je m'en féliciterais avec vous tous , et vous devriez aussi vous en réjouir et vous en féliciter avec moi.

℟. *br.* J'ai bien combattu , j'ai achevé ma course. Louez Dieu, louez Dieu. J'ai bien. ℣. Il ne me reste qu'à attendre la couronne de justice qui m'est réservée. Louez Dieu. Gloire. J'ai bien.

℣. C'est vous , mon Dieu , qui avez écouté favorablement ma prière.

℟. Vous avez accordé une part dans votre héritage à tous ceux qui craignent votre nom.

crificium et obsequium fidei vestræ ; gaudeo et congratulor omnibus vobis ; idipsum autem et vos gaudete et congratulamini mihi.

℟. *br.* Bonum certamen certavi , * cursum consummavi. Alleluia , Alleluia. Bonum. ℣. Reposita est mihi * corona justitiæ. Alleluia. Gloria Patri. Bonum.

℣. Tu , Deus meus, exaudîsti orationem meam.

℟. Dedisti hæreditatem timentibus nomen tuum.

A VÊPRES.

Ps. Le Seigneur a dit.
Ant. J'ai été fait ministre de l'Evangile par le don de la grâce de Dieu , qui m'a été conférée selon son opération toute-puissante.
Ps. Seigneur, je vous louerai.

Ps. Dixit Dominus.
Ant. Evangelii factus sum minister , secundùm operationem virtutis Dei.

Ps. Confitebor tibi, Domine.

Ant. Non enim subterfugi quominùs annuntiarem omne consilium Dei vobis.

Ps. Beatus vir qui timet.

Ant. Excipientes verbum cum gaudio Spiritûs Sancti, conversi estis ad Deum à simulacris servire Deo vivo et vero.

Ps. Laudate pueri.

Ant. Testis mihi est Deus, quomodo cupiam omnes vos in visceribus Jesù Christi, et hoc oro ut caritas vestra magis ac magis abundet.

Ant. Je n'ai point manqué de vous annoncer à tous les desseins de Dieu.

Ps. Heureux l'homme.

Ant. Ayant reçu la parole de Dieu avec la joie du Saint-Esprit, vous vous êtes convertis à Dieu pour abandonner les idoles en servant le Dieu vivant et véritable.

Ps. Louez le Seigneur.

Ant. Dieu m'est témoin avec quelle tendresse je vous aime tous dans les entrailles de J.-C.; et ce que je lui demande, est que votre charité croisse de plus en plus.

PSAUME 115.

Credidi propter quod locutus sum, * ego autem humillatus sum nimis.

Ego dixi in excessu meo : * omnis homo mendax.

Quid retribuam Do-

J'ai cru avec une ferme foi; c'est pourquoi j'ai parlé, malgré l'état d'humiliation où j'étais réduit.

J'ai dit, dans le trouble qui m'agitait, il n'est point d'homme qui ne soit sujet à tromper.

Que rendrai-je maintenant au Seigneur, pour tous les biens dont il m'a comblé ?

Je prendrai le calice d'actions de grâces, et j'invoquerai le nom du Seigneur.

En présence de tout le peuple je m'acquitterai des vœux que j'ai faits au Seigneur ; la mort des Saints est précieuse au Seigneur.

Vous prenez soin de moi, ô mon Dieu, parce que je suis votre serviteur, je suis votre serviteur ; et le fils de votre servante.

Vous avez rompu mes liens ; c'est pourquoi je vous offrirai un sacrifice de louange, et j'invoquerai le nom du Seigneur.

Je m'acquitterai des vœux que j'ai faits au Seigneur, en présence de tout son peuple, dans les parvis de la maison du Seigneur ; au milieu de toi, ô Jérusalem !

Gloire soit au Père.

Ant. Et maintenant je vous recommande à Dieu et à la parole de sa grâce, à celui qui peut achever

mino, * pro omnibus quæ retribuit mihi ?

Calicem salutaris accipiam, * et nomen Domini invocabo.

Vota mea Domino reddam, coràm omni populo ejus : * pretiosa in conspectu Domini mors Sanctorum ejus.

O Domine, quia ego servus tuus ; * ego servus tuus, et filius ancillæ tuæ.

Dirupisti vincula mea ; * tibi sacrificabo hostiam laudis, et nomen Domini invocabo.

Vota mea Domino reddam in conspectu omnis populi ejus, * in atriis domûs Domini, in medio tui, Jerusalem.

Gloria Patri, etc.

Ant. Et nunc commendo vos Deo et verbo gratiæ ipsius, qui

7

potens est ædificare et dare hæreditatem in sanctificatis omnibus.

l'édifice du salut et vous donner part à son héritage avec tous les Saints.

CAPITULE.

Fratres, satagite ut, per bona opera, certam vestram vocationem et electionem faciatis : hæc enim facientes, non peccabitis aliquando. Dabo autem operam post obitum meum, ut horum memoriam faciatis.

Mes frères, efforcez-vous de rendre votre vocation et votre élection certaines, par vos bonnes œuvres; car, agissant ainsi, vous ne pécherez jamais, et j'aurai soin que, même après ma mort, vous puissiez vous souvenir de ces choses.

Deo gratias.

Rendons grâces à Dieu.

HYMNE.

Polo receptum, cœlites,
Private, dùm te concinunt,
Nos personemus inclytum
Festis triumphum cantibus.
Hic morte felici novum
Cruci trophæum condidit,
Et quam reduxit finibus
Nostris salutem sanciit.
Quid barbarus diris parat
Delere cœdibus fidem !
Surget per orbem pulchrior.

Tandis que les habitans des Cieux célèbrent à l'envi le bonheur de Privat entrant dans la gloire, célébrons aussi son triomphe par des chants d'allégresse.

Par son martyr, il éleva à la Croix un nouveau trophée et affermit dans nos climats le salut qu'il y avait apporté.

En vain, tyran féroce, tu voudrais éteindre le flambeau de la foi par la mort cruelle de ses défenseurs. Renaissant de ses cendres, il répandra dans l'univers un éclat plus brillant encore.

Heureuse terre qu'arrosa et sanctifia le sang de notre père dans la foi, fertilisée par cette précieuse semence, tu produiras désormais des fruits immortels.

Du haut du trône, où vous êtes élevé à côté de l'Agneau qui règne éternellement, n'abandonnez point votre troupeau et enchaînez la fureur du dragon cruel qui ne cherche qu'à le dévorer.

Jésus-Christ, inspirez-nous la noble ardeur de courir dans la carrière que nous a tracée ce généreux athlète, et d'obtenir la gloire dont il est couronné dans le ciel.

Gloire vous soit rendue, Trinité sainte, qui mettez votre joie à soutenir vos martyrs de votre bras tout-puissant et à ceindre leurs fronts victorieux d'une palme immortelle. Amen.

℣. Mon âme vivra pour le Seigneur. ℟. Et ma postérité le servira.

Suis renascens cladibus.

Beata tellus, quam pater
Fuso sacravit sanguine,
Fructus perennes edocens
Sinu feraci fundere.

Æternè regnantis comes
Agni, tuum ne deseras
Gregem, minaces comprime
Sævi draconis impetus.

Da, Christe, tanti militis
Pugnare terris æmulos,
Da, quod supernis sedibus
Tenet, mereri præmium.

Sit Trinitati gloria,
Potente dextrâ quæ suos
Gaudet tueri martyres,
Jugique palma cingere.
Amen.

℣. Anima mea Domino vivet. ℟. Et semen meum serviet ipsi.

A *Magnificat*. — ANTIENNE.

Ut filios meos carissimos moneo, nam in Christo Jesu per evangelium ego vos genui; rogo ergo vos, imitatores mei estote, sicut et ego Christi.	Je vous avertis de votre devoir comme mes très-chers enfans, puisque je vous ai engendrés en Jésus-Christ par l'Evangile; soyez donc mes imitateurs comme je le suis moi-même de Jésus-Christ.

Oremus. Deus qui beati Privati, etc., *page* 97.

Mémoire de l'Assomption.

Ant. Respexit Deus humilitatem ancillæ suæ : ecce ex hoc beatam me dicent omnes generationes; quia fecit mihi magna qui potens est.	*Ant.* Dieu a regardé la bassesse de sa servante; désormais tous les siècles m'appelleront bienheureuse pour les grandes choses que le Tout-Puissant a faites en ma faveur.
℣. Posuisti, Domine, in capite ejus coronam. ℟. De lapide pretioso.	℣. Seigneur, vous avez mis sur sa tête une couronne. ℟. De pierres précieuses.

Oremus. Veneranda nobis, etc., *page* 97.

A COMPLIES.

Psaumes et Capitule du Dimanche.

Ant. Habitantibus in regione mortis lux orta est eis.	*Ant.* La lumière s'est élevée sur ceux qui habitaient dans la région des ombres de la mort.

Hymne *Grates*, avec la Doxologie suivante.

Gloire, louange, hon-
neur au Dieu unique en
trois personnes, qui, des
épaisses ténèbres où nous
étions plongés, nous a
appelés à son admirable
lumière.

Uni sit et trino Deo
Suprema laus, summum
  decus,
De nocte qui nos ad suæ
Lumen vocavit gloriæ.
  Amen.

A *Nunc dimittis.* — ANTIENNE.

Le Seigneur a consolé
son peuple : le Seigneur
a déployé son bras saint
et puissant aux yeux de
toutes les nations.

Consolatus est Do-
minus populum suum :
paravit brachium sanc-
tum suum in oculis
omnium gentium.

L'OCTAVE DE SAINT-PRIVAT.

NOTA. Les Offices sont les mêmes que ceux de la
fête, avec mémoire du dimanche occurrent.

INVENTION ET TRANSLATION
DES RELIQUES DE SAINT PRIVAT.
Double-Majeur.

(IIIᵉ DIMANCHE APRÈS PAQUES.)

A TIERCE.

Ant. Mes ennemis
m'ont environné de tou-
tes parts, et personne

Ant. Circumdede-
runt me undiquè, et
non erat qui adjuvaret,

memoratus sum mise-'ricordiæ tuæ, Domine, quoniam eruis sustinentes te.

Alleluia.

n'est venu à mon secours, je me suis souvenu de votre miséricorde, Seigneur, parce que vous défendez ceux qui combattent pour votre nom.

Louez Dieu.

CAPITULE.

Erunt quasi non sint, et veluti consumptio, homines bellantes adversùm te, quia ego Dominus Deus tuus apprehendens manum tuam, dicensque tibi : ne timeas, ego adjuvi te.

Vos ennemis, malgré leur audace, seront comme s'ils n'étaient pas et comme anéantis; car je suis le Seigneur votre Dieu; je vous prendrai par la main, et je vous dirai : Ne craignez pas, je suis votre secours.

℟. *br*. In Deo salutare meum, * et gloria mea, * Alleluia, alleluia. In Deo. ℣. Deus auxilii mei, * et spes mea in Deo est, * Alleluia. Gloria Patri. In Deo.

℟. Dieu est mon salut et ma gloire, louez Dieu, louez Dieu. Dieu. ℣. Dieu est mon défenseur, Dieu est mon espérance, louez Dieu. Gloire au Père. Dieu.

℣. Deus meus, adjutor meus, et sperabo in eum.

℟. Protector meus, et cornu salutis meæ.

℣. Mon Dieu vient à mon aide, et j'espérerai toujours en lui.

℟. Il est mon protecteur et l'espoir certain de mon salut.

A LA PROCESSION.

Par moi le vainqueur deviendra une colonne du temple de mon Dieu; il n'en sortira plus, et j'imprimerai sur son front le nom de mon Dieu, et le nom de Jérusalem, cité nouvelle. - Louez Dieu, louez Dieu. ℣. Je l'affermirai dans sa position, et on ne pourra plus le troubler, et la postérité des méchans ne renouvellera plus les persécutions. Il. Gloire. Et j'imprimerai.

℣. Seigneur, vous avez mis une couronne sur sa tête.

℟. Cette couronne est composée de pierres précieuses.

Qui vicerit, faciam illum columnam in templo Dei mei; * Et foràs non egredietur ampliùs : et † Scribam super eum nomen Dei mei, et nomen civitatis novæ Jerusalem. Alleluia , alleluia. ℣. Plantabo eum, et non turbabitur ampliùs ; nec addent filii iniquitatis ut affligant eum sicut priùs. * Et foràs. Gloria. † Scribam.

℣. Posuisti, Domine, in capite ejus coronam.

℟. De lapide pretioso.

ORAISON.

Rendez-nous forts contre les tribulations; nous vous en prions, Seigneur notre Dieu, qui avez armé de la puissance de votre grâce le bienheureux Privat, votre martyr et votre pontife, et qui, dans les combats,

OREMUS.

Fac nos, quæsumus, Domine Deus noster, in cunctis adversitatibus fortes existere, qui beato Privato martyri tuo atque pontifici fortitudinem tuâ grâtia præstitisti, per

quam diras et multi-
plices pænas in sui a-
gone martyrii supera-
vit : Per Christum Do-
minum nostrum.

l'avez rendu supérieur à
la barbarie et à l'achar-
nement de ses bourreaux.
Par J.-C. N. S.

A LA MESSE.

INTROÏT.

Quis similis tuî, Do-
minus magnificus sanc-
titate, faciens mirabi-
lia? Extendisti manum
tuam et recedebant ab
eis languores. Alle-
luia, alleluia. *Ps.* Cantate Domino canticum
novum, * quia mirabi-
lia fecit. Gloria Patri,
etc. Quis similis.

Qui est semblable à
vous, Seigneur, qui êtes
tout éclatant de sainteté
et qui faites des prodiges?
Vous avez étendu votre
main bienfaisante sur nos
pères, et ils étaient guéris de leurs maladies.
Louez Dieu, louez Dieu.
Ps. Chantez au Seigneur
un cantique nouveau,
parce qu'il a fait des prodiges en votre faveur.
Gloire au Père. Qui est.

OREMUS.

Deus qui nos sancti
pontificis et martyris,
Privati, protegis præ-
sidio; excita in nobis
quam adhùc spirant
sacri ejus cineres pie-
tatem, ipsiusque pre-
cibus ab omni nos ad-
versitate custodi. Per
Dominum nostrum.

ORAISON.

O Dieu! qui nous ac-
cordez dans S. Privat,
martyr et pontife, un
puissant protecteur au-
près de vous; formez
dans nos cœurs cette pié-
té qui semble encore ani-
mer ses saintes reliques,
et qu'elles ont comme la
vertu d'exciter en nous,
et préservez-nous, par
ses prières, de toute ad-
versité. Par N. S,

ORAISON.

O Dieu! qui, par le profond abaissement de votre Fils, avez relevé le monde abattu, accordez à vos serviteurs une joie pure et durable; et, par votre grâce, faites jouir d'une éternelle félicité ceux que vous avez délivrés des péchés qui méritent une mort éternelle. Par le même J.-C. N. S.

Lecture du Prophète Isaïe, chap. 44.

Voici ce que dit le Seigneur: vous êtes témoin de ce que je dis: y a-t-il quelqu'autre Dieu que moi; ne connais-je pas tous ces prétendus créateurs? Tous ces artisans d'idoles ne sont rien; leurs ouvrages les plus estimés ne leur serviront de rien; ils sont eux-mêmes témoins, à leur confusion, que leurs idoles ne voient point et ne comprennent point. Comment donc un homme est-il assez insensé pour vouloir former un Dieu, et pour jeter en fonte une statue qui n'est bonne à rien. Tous ceux

OREMUS.

Deus, qui in famuli tui humilitate jacentem mundum erexisti: fidelibus tuis perpetuam concede lætitiam; ut quos perpetuæ mortis eripuisti casibus, gaudiis facias sempiternis perfrui. Per Dominum nostrum...

Lectio Isaiæ Prophetæ. Cap. 44.

Hæc dicit Dominus: vos estis testes mei: nùmquid est Deus absquè me, et formator quem ego non noverim? Plastæ idoli omnes nihil sunt et amantissima eorum non proderunt eis: ipsi sunt testes eorum, quia non vident, neque intelligunt, ut confundantur. Quis formavit Deum, et sculptile conflavit ad nihil utile? ecce omnes participes ejus confundentur: fabri enim sunt ex hominibus, convenient omnes, stabunt et pavebunt et confundentur simul.

qui ont part à cet ouvrage seront confondus : car tous ces artisans ne sont que des hommes ; qu'ils s'assemblent tous et qu'ils se présentent, ils seront tous saisis de crainte et couverts de honte. Louez Dieu. Louez.

Alleluia, alleluia.

Alleluia, alleluia.

℣. Amplificatus est in mirabilibus suis, mortuum prophetavit corpus ejus : in vitâ fecit monstra, et in morte mirabilia operatus est.

Alleluia, alleluia.

℣. Tu es Deus qui facis miràbilia ; notam fecisti in populis virtutem tuàm.

Alleluia.

℣. Quelle gloire s'est-il acquise par ses miracles ! son corps, après sa mort, a comme continué à nous annoncer les vérités du salut ; il a fait des prodiges pendant sa vie, et des miracles après sa mort. Louez Dieu. Louez.

℣. Vous êtes, ô Dieu ! vous êtes le Dieu qui opérez des merveilles ; vous avez fait connaître parmi les peuples votre puissance. Louez Dieu.

Sequentia Sti Evangelii secundùm Lucam.

Suite du saint Evangile selon S. Luc. C. X.

In illo tempore, dixit Jesus discipulis suis : qui vos audit, me audit ; et qui vos spernit, me spernit. Qui autem me spernit, spernit eum qui misit me.

En ce tems-là, Jésus dit à ses disciples : celui qui vous écoute m'écoute ; celui qui vous méprise me méprise, et celui qui me méprise, méprise celui qui m'a envoyé. Or, les soixante-douze Disciples s'en revinrent avec joie, lui disant : Seigneur, les démons même nous sont assujéttis par la vertu de votre nom. Il leur répondit : je voyais Satan tomber du ciel comme un éclair. Vous voyez que je vous ai donné le pouvoir de fouler aux pieds les serpens et les scorpions, et toute la puissance de l'ennemi, et rien ne pourra vous nuire. Néanmoins ne mettez point votre joie en ce que les esprits impurs vous sont soumis; mais réjouissez-vous plutôt de ce que vos noms sont écrits dans les Cieux.

Reversi sunt autem septuaginta duo cum gaudio, dicentes : Domine, etiam dæmonia subjiciuntur nobis in nomine tuo. Et ait illis : videbam Satanam sicut fulgur de cœlo cadentem. Ecce dedi vobis potestatem calcandi suprà serpentes et scorpiones, et super omnem virtutem inimici ; et nihil vobis nocebit. Verumtamen in hoc nolite gaudere, quia spiritus vobis subjiciuntur : gaudete autem quod nomina vestra scripta sunt in cœlis.

OFFERTOIRE.

Dieu faisait des miracles si extraordinaires par S. Privat, que les mouchoirs même, et les linges qui avaient touché son corps, étant appliqués aux malades, les guérissaient de leurs infirmités. Louez Dieu.

Virtutes nos quaslibet faciebat Deus per eum, ita ut super languidos deferrentur à corpore ejus sudaria, et semicinctia, et recedebant ab eis languores. Alleluia.

SECRÈTE.

Debitum tibi, Domine, nostræ reddimus servitutis, suppliciter exorantes, ut suffragiis beati Privati, pontificis et martyris, in nobis tua munera tuearis, ob cujus translationem, laudis tibi hostias immolamus.

Nous vous rendons, Seigneur, l'hommage de notre dépendance, par ce sacrifice que nous vous offrons en mémoire de la translation des reliques de S. Privat, martyr et pontife; et nous vous supplions de nous accorder la grâce qu'il vous demande lui-même pour nous, de conserver en nous celles dont vous nous avez favorisés par son ministère.

His nobis, Domine, mysteriis conferatur quo terrena desideria mitigantes, discamus amare cœlestia.

Seigneur, faites-nous la grâce, par ces divins mystères, de diminuer l'ardeur que nous avons pour les choses de la terre, afin que nous puissions apprendre à aimer celles du ciel.

PRÉFACE.

Per omnia secula seculorum. ℟. Amen.

Dans tous les siècles des siècles. ℟. Ainsi soit-il.

Dominus vobiscum.
℟. Et cum spiritu tuo.
Sursùm corda.
℟. Habemus ad Dominum.

Le Seigneur soit avec vous. ℟. Et avec votre esprit.
Elevez vos cœurs.
℟. Nous les avons vers le Seigneur.

Rendons grâces à Dieu notre Seigneur.

℞. Nous le devons, et il est juste.

Il est véritablement juste et raisonnable, il est équitable et salutaire de vous rendre grâces en tout tems et en tout lieu, Seigneur très-saint, Père tout-puissant, Dieu éternel, qui, par votre grande miséricorde, avez daigné nous faire passer des ténèbres à la lumière, et nous arracher de la puissance de Satan, pour nous mettre au nombre de vos enfans adoptifs. Car c'est un effet de votre miséricorde, Seigneur ; c'est un effet de votre grâce, que la parole de la foi ait été semée au milieu de nous par les travaux de votre martyr, et rendue féconde par le sang dont il l'a arrosée. Maintenant donc, Père saint, affermissez ce que vous avez opéré en nous, et conservez par le secours de votre puissance le troupeau que vous avez donné à votre Fils, afin qu'après l'avoir sanctifié dans la

Gratias agamus Domino Deo nostro.

℞. Dignum et justum est.

Verè dignum et justum est, æquum et salutare, nos tibi semper et ubiquè, gratias agere, Domine sancte, Pater omnipotens, æterne Deus, qui nos secundùm misericordiam tuam magnam, de tenebris ad lucem vocare dignatus es, et de potestate Satanæ ereptos, in filios adoptionis assumere. Tuâ enim, Domine, misericordiâ, tuâ gratiâ, verbum fidei in nobis martyris tui labore seminatum est, et sanguine fecundatum. Nunc ergo, Pater sancte, confirma hoc quod operatus es in nobis : et gregem istum, quem Filio tuo donàsti, conserva tuæ virtutis auxilio : ut sanctificatum in veritate, perfectum in unitate, consummare digneris in gloriâ : Per eumdem Christum Dominum nostrum; per quem majestatem tuam trementes adorant Angeli, et omnes spirituum cœlestium chori sociâ exultatione concelebrant. Cum quibus et nostras voces ut admitti jubeas deprecamur, supplici confessione dicentes : Sanctus.

vérité, rendu parfait dans l'unité, vous daigniez consommer votre ouvrage, en le couronnant dans la gloire, par le même J.-C. N. S., par lequel les Anges adorent en tremblant votre majesté suprême, par lequel tous les chœurs des esprits célestes célèbrent votre gloire dans des transports d'une sainte joie. Faites, Seigneur, que nous unissions nos voix à celles de ces Esprits bienheureux, pour chanter avec eux : Saint, Saint, Saint, etc.

COMMUNION.

Concurrebat multitudo vicinarum civitatum, afferentes ægros qui curabantur omnes. Alleluia.

On venait en foule des villes voisines lui présenter des malades, et ils étaient tous guéris. Louez Dieu.

POST-COMMUNION.

Adesto, Domine, plebi tuæ merita beati Privati, pontificis et martyris, veneranti, et concede propitius, ut quæ dona cœlestia percepimus, nobis ejus intercessione opem

Daignez exaucer, Seigneur, votre peuple, qui honore les mérites de S. Privat, martyr et pontife, et qui vous prie de nous accorder que les dons célestes que nous avons reçus deviennent, par son intercession, une

source abondante de sa-
-lut. Par N. S.

Faites, Seigneur, que
le sacrement que nous
avons reçu soutienne no-
tre faiblesse, et que la
promesse des biens cé-
lestes nous console dans
cette vallée de larmes où
nous sommes exilés.

Accordez à nos prières,
Dieu tout-puissant, que
votre serviteur N., notre
roi, qui, par votre misé-
ricorde, a reçu la con-
duite de ce royaume, re-
çoive l'accroissement de
toutes les vertus, afin
que, revêtu de leur force,
et saintement orné de
leur éclat, il ait les vices
en horreur, comme au-
tant de monstres; qu'il
soit victorieux de ses ennemis, et qu'agréable à
vos yeux par ses bonnes
œuvres, il puisse enfin
arriver jusqu'à vous, qui
êtes la voie, la vérité et
la vie, et qui étant Dieu,
vivez.

conferant salutarem.
Per Dominum, etc.

Infirmitatem nos-
tram, quæsumus, Do-
mine, sustentet hujus
sacramenti perceptio;
et in hâc valle lacry-
marum exultantes cœ-
lestium bonorum pro-
missio consoletur.

Quæsumus, omni-
potens Deus, ut famu-
lus tuus rex noster N.
qui tuâ miseratione
suscepit regni guber-
nacula, virtutum etiam
omnium percipiat in-
crementa, quibus de-
center ornatus, vitio-
rum monstra devitare,
hostes superare, et ad
te qui via, veritas et
vita es, gratiosus va-
leat pervenire : Qui
vivis, etc.

DERNIER ÉVANGILE.

Sequentia Sti Evangelii secundùm Joannem.

In illo tempore, dixit Jesus discipulis suis : Modicùm, et jam non videbitis me, et iterum modicùm, et videbitis me, quia vado ad Patrem. Dixerunt ergo ex discipulis ejus ad invicem : Quid est hoc quod dicit nobis : Modicùm, et non videbitis me, et iterùm modicùm et videbitis me, et quia vado ad Patrem? Dicebant ergo, quid est hoc quod dicit : Modicùm? Nescimus quid loqūitur. Cognovit autem Jesus quia vólebant eum interrogare, et dixit eis : De hoc quæritis inter vos quia dixi : Modicùm et non videbitis me; et iterùm modicùm, et videbitis me. Amèn, amen dico vobis, quia plorabitis et flebitis vos, mundus

Suite du saint Evangile selon S. Jean. C. 16.

En ce tems-là, Jésus dit à ses disciples : encore un peu de tems, et vous ne me verrez plus; et encore un peu de tems, et vous me verrez, parce que je m'en retourne à mon Père. Sur cela quelques-uns de ses disciples se dirent les uns les autres : Que nous veut-il dire par-là : Encore un peu de tems, et vous ne me verrez plus, et encore un peu de tems et vous me verrez, parce que je m'en retourne à mon Père? Ils disaient donc : Que veut dire encore un peu de tems? Nous ne savons ce qu'il veut nous dire. Mais Jésus connaissant qu'ils voulaient l'interroger là-dessus, leur dit : Vous vous demandez les uns aux autres ce que je vous ai voulu dire par ces paroles : Encore un peu de tems, et vous ne me verrez plus, et encore un peu de tems, et vous me verrez. En vérité, en vérité, je vous le dis : vous pleurerez et vous gémirez, et le monde sera dans la joie : vous serez dans la tristesse; mais votre tristesse se changera en joie. Lorsqu'une femme enfante, elle est dans la douleur, parce que son heure est venue; mais après qu'elle a enfanté un fils, elle ne se souvient plus de ses maux, dans la joie qu'elle a d'avoir mis un homme au monde. Aussi vous êtes maintenant dans la tristesse; mais je vous verrai de nouveau et votre cœur se réjouira, et personne ne vous ravira votre joie.

℟. Rendons grâces à Dieu.

autem gaudebit, vos autem contristabimini, sed tristitia vestra vertetur in gaudium. Mulier cùm parit, tristitiam habet, quia venit hora ejus; cùm autem peperit puerum, jam non meminit pressuræ propter gaudium, quia natus est homo in mundum; et vos igitur nunc quidem tristitiam habetis, iterùm autem videbo vos, et gaudebit cor vestrum et gaudium vestrum nemo tollet à vobis.

℟. Deo gratias.

A SEXTE.

Ant. Le Seigneur est bon; il encourage au jour de la tribulation et il connaît ceux qui espèrent en lui. Louez Dieu.

Ant. Bonus Dominus, et confortans in die tribulationis, et sciens sperantes in se. Alleluia.

CAPITULE.

Je souffre, mais je n'en rougis point; car je sais à qui j'ai cru, et je suis persuadé qu'il est assez puissant pour conserver

Patior, sed non confundor; scio enim cui credidi; et certus sum quia potens est depositum meum servare in illum diem.

℟. *br.* Si consistant adversùm me castra, * non timebit cor meum * Alleluia, alleluia. Si consistant. ℣. Si exurgat adversùm me prælium , * in hoc ego sperabo : * Alleluia. Gloria Patri. Si consistant.

℣. Dominus mihi adjutor.

℟. Non timebo quid faciat mihi homo.

mon dépôt jusqu'au jour de son dernier avènement.

℟. *br.* Quand une armée ennemie serait autour de moi, mon cœur ne craindrait rien. Louez Dieu, louez Dieu. Quand. ℣. Si cette armée venait m'attaquer, dans le combat même je serais plein de confiance. Louez Dieu. Gloire. Quand.

℣. Le Seigneur est mon soutien.

℟. Je ne craindrai rien de ce que l'homme pourra me faire.

A NONE.

Ant. Eripuisti me de tempore iniquo ; proptereà confitebor, et laudem dicam tibi, et benedicam nomini Domini. Alleluia.

Ant. Vous m'avez délivré , Seigneur , d'un tems malheureux ; c'est pourquoi je confesserai , louerai et bénirai votre nom. Louez Dieu.

CAPITULE.

Post tempestatem tranquillum facis, Domine ; et post lacrymationem et fletum, exultationem infundis. Sit nomen tuum , Deus ,

Après la tempête, Seigneur , vous rétablissez le calme ; et après les larmes et les gémissemens, vous répandez la joie. Que votre nom, Dieu d'Israël, soit béni dans tous les siècles.

Israël, benedictum in secula.

{ɴ. *br.* Vous êtes, Seigneur, mon asile. Louez Dieu, louez Dieu. Vous êtes. ℣. Et mon refuge au jour de la tribulation, louez Dieu. Gloire. Vous êtes. Louez Dieu.

℟. *br.* Factus es, Domine, * susceptor meus, * Alleluia, alleluia. Factus es. ℣. Et refugium meum * in die tribulationis, * Allel. Gloria. Factus es. Allel.

℣. J'ai trouvé en vous, Seigneur, mon secours.

℟. Et ma consolation.

℣. Tu, Domine, adjuvisti me,

℟. Et consolatus es me.

A VÊPRES.

Psaumes du dimanche. — Antiennes.

C'est pour l'œuvre de Jésus-Christ qu'il a méprisé la vie et qu'il s'est exposé à la mort. Louez Dieu.

Propter opus Christi usquè ad mortem accessit, tradens animam suam. Alleluia.

Plein de patience et de courage au milieu des tourmens, il s'est proposé de ne rien faire contre la loi de son Dieu pour l'amour de la vie. Louez Dieu.

Patienter sustinens, destinavit non admittere illicita . propter vitæ amorem. Alleluia.

Jugeant que l'opprobre de Jésus-Christ était un plus grand trésor que toutes les richesses, il envisageait la récompense éternelle. Allel.

Divitias æstimans improperium Christi, aspiciebat in remunerationem. Alleluia.

Gloriosissimam mortem magis quam odibilem vitam complectens, voluntariè præibat ad supplicium. Alleluia.

Préférant une mort pleine de gloire à une vie criminelle, il alla volontairement au supplice. Louez Dieu.

Hoc modo vitâ decessit, universæ genti memoriam mortis suæ ad exemplum virtutis et fortitudinis derelinquens. Alleluia.

Il mourut en laissant à toute sa nation un grand exemple de vertu et de fermeté dans le souvenir de sa mort. Louez Dieu.

CAPITULE.

Beatus vir qui suffert tentationem, quoniam cùm probatus fuerit, accipiet coronam vitæ quam repromisit Deus diligentibus se.

Heureux celui qui souffre patiemment les afflictions, parce qu'après avoir été éprouvé, il recevra la couronne que Dieu a promise à ceux qui l'aiment.

HYMNE.

Qui nunc templa tenes,
    maxime Pontifex,
Cœlo non hominum quæque posuit manus,
Adsis, ne pigeat quæ tibi ponimus
Terris templa reviscere.

Grand Pontife, qui habitez le temple de la gloire que la main de l'homme n'a point élevé, ne dédaignez point de rendre sensible votre présence dans celui que nos pères ont consacré en votre honneur sur la terre, et hâtez-vous de nous secourir.

Aris exuvias his colimus
    tui,

Nous révérons sur ces autels les restes précieux

de votre corps , qu'un peuple de fidèles vient baiser avec respect, et auprès desquels le Seigneur a tant de fois manifesté sa présence et autorisé notre culte par les prodiges qu'il a opérés depuis votre mort.

Cui figit pia plebs oscula, corporis
Quo tot prodigiis post tua funera,
Præsens te Deus approbat.

L'art n'a point ici déployé ses richesses ; et que sont-elles auprès des honneurs sacrés que nous vous rendons ? et la gloire qui rejaillit des précieux restes de votre corps n'efface-t-elle pas l'éclat des diamans ?

Non hic artificum suspicitur labor,
Ars præclara sacris cedit honoribus :
Hic gemmas hebetat tam venerabilis,
Ingens gloria corporis.

Les lampes qui brûlent autour de vos reliques sont le symbole de la lumière éternelle dont vous êtes revêtu : elles nous présagent la gloire qui attend les Saints dans le ciel et les honneurs qui leur sont réservés sur la terre.

Quot circùm positæ lampades ambiunt,
Tot sunt quo frueris pignora luminis ;
Cœlo quæ maneat gloria cœlites,
Et terris quis honor, monent ?

O Saint Martyr ! que le culte que nous vous rendons vous serait bien plus utile et vous honorerait bien plus dignement, si, fidèles aux préceptes que vous nous avez laissés, il nous était donné, par votre inter-

Si nos te colimus, si datur assequi,
Quod tu cumque jubes :
Qui sequimur tuâ,
Si das ire viâ quam melius sacer,
Martyr te celebrabimus !

Patri maxima laus, maxima Filio,
Amborumque tibi maxima Spiritus ;
Ungis pontifices quos legis, et tuo
Firmas numine martyres. Amen.

℣. Posuisti, Domine, in capite ejus coronam.
℟. De lapide pretioso.

cession de marcher sur vos traces dans la voie qui vous a conduit à la gloire.

Gloire infinie au Père, gloire infinie au Fils, gloire infinie à vous, ô Esprit du Père et du Fils, qui êtes l'onction des Pontifes et la force des Martyrs.
Ainsi soit-il.

℣. Seigneur, vous avez mis sur sa tête une couronne. ℟. De pierres précieuses.

A Magnificat. — ANTIENNE.

Justum non dereliquit Deus, donec afferet illi potentiam adversùs eos qui eum deprimebant, et dedit illi claritatem æternam. Alleluia.

Dieu n'a point abandonné le juste, jusqu'à ce qu'il l'ait rendu maître de ceux qui l'avaient traité avec tant d'ignominie, et lui a donné une gloire éternelle pour récompense. Louez Dieu.

OREMUS. Deus qui nos sancti pontificis, etc. , *page* 116.

MÉMOIRE DU DIMANCHE.

Ant. Nunc quidem tristitiam habetis, iterùm autem videbo vos, et gaudebit cor vestrum, et gaudium vestrum nemo tollet à vobis. Alleluia.

Ant. Vous êtes maintenant dans la tristesse ; mais je reviendrai à vous et votre cœur alors sera rempli d'une sainte joie que personne ne vous ravira. Louez Dieu.

℣. Vous nous avez comblés de joie à proportion du tems que vous nous avez affligés;

℞. A proportion des années qu'ont duré nos maux.

℣. Lætati sumus pro diebus quibus nos humiliâsti;

℞. Annis quibus vidimus mala.

OREMUS. Deus qui in famuli tui, etc., *page* 117.

COMMÉMORAISON

DES MIRACLES DE SAINT PRIVAT

DANS LA VILLE DU PUY.

(Ier DIMANCHE APRÈS SAINT LUC.)

L'Office comme au jour de l'Invention et Translation des Reliques de Saint-Privat, en supprimant les All. luia, *excepté ce qui suit.*

A LA PROCESSION.

Seigneur, vous êtes venu à mon aide et * vous m'avez délivré des lions rugissans qui allaient me dévorer, des mains cruelles de ceux qui voulaient m'arracher la vie, et du danger des tribulations qui m'ont assailli. ℣. Le Seigneur s'est

Factus es mihi adjutor, Domine, et * Liberâsti me à rugientibus præparatis ad escam, de manibus quærentium animam meam, et de portis tribulationum quæ circumdederunt me. ℣. Dominus mihi astitit, et confortavit me ; et liberatus sum de ore leonis. * Liberâsti me. Glória Patri. * Liberàsti.

placé à côté de moi pour me défendre ; il m'a fortifié ; et j'ai été préservé de la gueule du lion. * Vous m'avez. Gloire. Vous m'avez.

℣. Posuisti, Domine, etc. *Oremus*. Fac nos, quæsumus, etc. page 115.

A LA MESSE.

INTROÏT.

Mirificavit Dominus sanctum suum : sacrificate sacrificium justitiæ, et sperate in Domino. *Ps*. Magnus Dominus et laudabilis nimis, * in civitate Dei nostri, in monte sancto ejus. Gloria Patri. Mirificavit.

Le Seigneur a élevé son Saint à une gloire admirable : Offrez à Dieu un sacrifice de justice, et espérez au Seigneur. *Ps*. Le Seigneur est grand et digne de toute louange, dans la cité de notre Dieu et sur sa sainte montagne. Gloire. Le Seigneur.

OREMUS.

Deus, qui tuorum sanctorum tibi acceptam esse invocationem, innumeris miraculis probâsti, intende nobis commemorationem miraculorum beati Privati celebrantibus ; et quâ novimus apud te pro majoribus

ORAISON.

O Dieu, qui avez fait connaître, par des miracles sans nombre, que vous agréez l'invocation de vos Saints ; daignez accorder à vos serviteurs qui célèbrent la mémoire des miracles de S. Privat, la grâce d'éprouver que ses prières ont auprès de vous, en leur faveur, le même pouvoir qu'elles ont eu pour leurs ancêtres. Par.

nostris eum gratiâ valuisse, eâ ipsum pro nobis valere sentiamus. Per.

NOTA. A la Collecte, à la Secrète, à la Post-Communion et à Vêpres, on fait Mémoire du Dimanche occurrent dont on lit l'Évangile à la fin de la Messe.

Lecture de l'Epître de Saint Paul, Apôtre, aux Corinthiens.

Lectio Epistolæ beati Pauli Apostoli, ad Corinthios.

Mes frères, nous prêchons la sagesse aux parfaits, non la sagesse de ce monde, ni des princes de ce monde, qui se détruisent : mais nous prêchons la sagesse de Dieu renfermée dans son mystère, cette sagesse cachée qu'il avait prédestinée et préparée avant tous les siècles pour notre gloire, que nul des princes de ce monde n'a connue ; puisque s'ils l'eussent connue, ils n'eussent jamais crucifié le Seigneur de la gloire, et de laquelle il est écrit que l'œil n'a point vu, l'oreille n'a point entendu, et le cœur de l'homme n'a jamais conçu ce que Dieu a préparé pour ceux qui l'aiment. Mais pour nous, Dieu nous l'a

Fratres, sapientiam loquimur inter perfectos : sapientiam vero non hujus seculi, neque principum hujus seculi, qui destruuntur : sed loquimur Dei sapientiam in mysterio, quæ abscondita est, quam prædestinavit Deus antè secula in gloriam nostram, quam nemo principum hujus seculi cognovit : si enim cognovissent, nunquam Dominum gloriæ crucifixissent. Sed sicut scriptum est : Quod oculus non vidit, nec auris audivit, nec in cor hominis ascendit, quæ præparavit

8

Deus iis qui diligunt illum : nobis autem revelabit Deus per spiritum suum : spiritus enim omnia scrutatur, etiam profunda Dei. Quis enim hominum scit quæ sunt hominis, nisi spiritus hominis, qui in ipso est. Ita et quæ Dei sunt, nemo cognovit, nisi spiritus Dei. Nos autem non spiritum hujus mundi accepimus, sed spiritum qui ex Deo est, ut sciamus quæ à Deo donata sunt nobis : quæ et loquimur, non in doctis humanæ sapientiæ verbis, sed in doctrinâ Spiritûs, spiritualibus spiritualia comparantes.

révélé par son esprit, parce que l'esprit pénètre tout, et même ce qu'il y a de plus caché dans la profondeur de Dieu. Car, qui des hommes connaît ce qui est en l'homme, sinon l'esprit de l'homme qui est en lui? Ainsi, nul ne connaît ce qui est en Dieu, excepté l'esprit de Dieu. Or, nous n'avons point reçu l'esprit du monde, mais l'esprit de Dieu, afin que nous connaissions les dons que Dieu nous a faits : et nous les annonçons, non avec les discours qu'enseigne la sagesse humaine, mais avec ceux que l'Esprit enseigne, traitant spirituellement les choses spirituelles.

GRADUEL.

In vitâ suâ fecit monstra, et in morte mirabilia operatus est. ℣. A Domino factum est istud, et est mirabile in oculis nostris.

Alleluia, alleluia.

Il a fait des prodiges pendant sa vie, et des miracles après sa mort. ℣. C'est le Seigneur qui a fait par lui ces merveilles, qui sont dignes de notre admiration. Louez Dieu, louez Dieu.

℣. Que le nom du Seigneur soit béni dans tous les siècles, comme il l'a été dès le commencement; parce que la sagesse et la force sont en lui. Louez Dieu.

℣. Sit nomen Domini benedictum à seculo et usquè in seculum; quia sapientia et fortitudo ejus sunt. Alleluia.

Evangile de la Translation des Reliques de S. Privat, page 118.

OFFERTOIRE.

Tout le peuple vint en foule, et tous se prosternèrent le visage contre terre pour adorer le Seigneur leur Dieu, et pour rendre leurs vœux au Tout-Puissant, au Dieu Très-Haut.

Omnis populus simul properaverunt, et ceciderunt in faciem suam super terram, adorare Dominum Deum suum et dare preces omnipotenti Deo excelso.

SECRÈTE.

Daignez nous accorder, Dieu Tout-Puissant, la grâce de vous rendre, par ces sacrifices que nous vous offrons en l'honneur de S. Privat, votre martyr et pontife, des hommages qui vous soient agréables, et d'augmenter en nous, par le bonheur d'y participer, la vie de la grâce. Par.

Concede nobis, omnipotens Deus, ut his muneribus quæ pro sancti Privati, martyris tui atque pontificis, honore deferimus, et tibi placeamus exhibitis, et vivificemur acceptis. Per Dominum, etc.

PRÉFACE. (*Voir la page* 120.)

COMMUNION.

Unxit eum Deus Spiritu Sancto in virtute, qui pertransiit benefaciendo et sanando. Transiens adjuva nos.

Dieu l'a oint de l'Esprit saint et de force ; il allait de lieu en lieu faisant du bien partout, et il guérissait les malades. Ayez toujours pour nous la même sollicitude et continuez de nous secourir.

POST-COMMUNION.

Deus, qui reliquiarum sancti Privati præsentiâ plures ægrotos sanare dignatus es, præsta, quæsumus, ut sacris mysteriis refecti, sancti pontificis et martyris intercessione, à morbis animi liberemur. Per.

O Dieu, qui daignâtes guérir autrefois plusieurs malades par la présence des reliques de S. Privat, daignez guérir, nous vous en conjurons, par l'intercession de ce saint pontife et martyr, les maux de nos ames nourries de vos sacrés mystères. Par.

A VÊPRES.

Psaumes du Dimanche. — Antiennes, Capitule et Versets comme à la page 127 et suivantes.

HYMNE.

Ex quo salus mortalium,
Fluxit sacer Dei cruor ;
Homo redemptus æmulum
lum
Deo litavit sanguinem.

Depuis que le Fils de Dieu a répandu son sang pour le salut des hommes, l'homme racheté par ce sang adorable s'empresse à son tour de répandre le sien pour son libérateur.

Loin de rougir de la croix de Jésus-Christ, il met toute sa gloire à confesser un Dieu mort, et à mourir pour ce même Dieu qui s'est livré à la mort pour lui.

Non jam crucis Christi pudet,
Quin surgit ingens gloria,
Deum fateri mortuum,
Pro mortuo mori Deo.

Plein de cet esprit, le saint martyr que nous honorons méprise les menaces et les morts les plus cruelles; soutenu par votre bras puissant, il combat généreusement pour vous, ô Jésus, qui êtes notre rédempteur.

Hoc iste plenus spiritu,
Ridet minas, ridet neces;
Tuàque fretus dexterâ,
Tibi, redemptor militat.

Les yeux fixés sur la couronne qui lui est destinée, il vole aux tourmens plein de confiance; mais, s'il se livre volontairement à la mort, c'est dans l'espérance de la vaincre et de jouir par elle d'une meilleure vie.

Parata spectans præmia,
Securus ad pœnas volat :
Sic pugnat, ut speret mori,
Et morte mortem vincere.

Seul et sans défense, il lasse une multitude de bourreaux et il étonne le juge; il succombe enfin sous le poids des tourmens, mais, en succombant, il triomphe de ses vainqueurs.

Unus tot armatas manus,
Stupente lassat judice;
Et tortus ipsis qui cadit,
Torquentibus fit fortior.

Faites, ô Jésus, que nous imitions le courage

Da Christe, tanti militis,
Æquare factâ fortia;

8 *

Da sustinere pro tuo,
Quodcumque durum, no-
   mine.

héroïque de cet illustre
martyr, et que nous sup-
portions généreusement
les afflictions de cette vie
pour la gloire de votre
nom.

Æterne tu Verbi Pater,
Æterne Fili par Patri,
Et par utrique Spiritus,
Tibi, Deus, sit gloria.
Amen.

Gloire vous soit ren-
due, ô Père éternel du
Verbe ; qu'elle vous soit
aussi rendue, ô Fils éternel du Père : Esprit Saint,
égal au Père et au Fils,
soyez également glorifié
à jamais.
   Ainsi soit-il.

MESSE

VOTIVE DE SAINT PRIVAT.

INTROÏT.

Accepit eum Domi-
nus pascere Jacob ser-
vum suum, et Israël
hæreditatem suam ; et
pavit eos in innocentiâ
cordis sui, et in intel-
lectibus manuum sua-
rum   deduxit eos
Temp. Paschali. Al-
leluia, alleluia. (*Ps.*)

Le Seigneur choisit
son serviteur pour en
faire le pasteur de Jacob,
son peuple chéri et d'Is-
raël, qui est son héritage;
et il les nourrit avec un
cœur plein d'innocence,
et il les gouverna avec
une intelligence qui parut
dans toutes ses actions.
Au Tems de Pâques.
Louez Dieu, Louez Dieu.

(*Ps.*) Peuple, écoutez ma loi, prêtez l'oreille à mes paroles. Gloire au Père. (Il reçut.) (*Ps.* 77.)

Attendite, populе meus, legem meam, inclinate aurem vestram in verba oris mei. Gloria Patri. (Accepit.) (*ps.* 77.)

(On dit le *Gloria in excelsis.*)

Dicitur Gloria in excelsis.)

(*Collecte.*)

(*Collecte.*)

ORAISON.

O Jésus, salut éternel des croyans, achevez l'œuvre que vous avez opérée en nous : faites que par l'intercession du bienheureux S. Privat, martyr et pontife, la lumière de la foi que vous avez fait descendre sur nous du haut des cieux nous éclaire dans le chemin de la paix, et que partout, soutenus par votre grâce, nous puissions nous attacher plus fortement à vous, Verbe de vie, qui vivez et régnez, etc.

OREMUS.

Domine Jesu, salus æterna credentium, opus confirma quod operatus es in nobis; et præsta, ut, intercedente Beato Privato martyre tuo et pontifice, lumen fidei, in quo visitâsti nos, oriens ex alto, dirigat pedes nostros in viam pacis, et, gratiæ tuæ virtute potentes, tibi Verbo vitæ, firmiter adhærere valeamus; qui vivis et regnas, etc.

Lecture de l'épître de Saint Paul aux Philippiens. Chap. 4.

Mes frères, réjouissez-vous toujours dans le

Lectio Epistolæ Beati Pauli Apostoli ad Philipenses. Ch. 4.

Fratres, gaudete in Domino semper; iterùm dico , gaudete. Modestia vestra nota sit omnibus homini- bus : Dominus propè est. Nihil solliciti si- tis ; sed in omni ora- tione et obsecratione, cum gratiarum actio- ne, petitiones vestræ innotescant apud De- um. Et pax Dei , quæ exsuperat omnem sen- sum, custodiat corda vestra , et intelligen- tias vestras, in Christo Jesu ; de cætero , fra- tres, quæcumque sunt vera, quæcumque jus- ta , quæcumque sanc- ta , quæcumque ama- bilia, quæcumque bo- næ famæ, si qua virtus, si qua laus discipli- næ, hæc cogitate. Quæ et didicistis, et acce- pistis , et audistis , et vidistis in me, hæc a- gite : et Deus pacis erit vobiscum.

(*Graduale.*) Dedi te in fœdus populi, ut suscitares terram , et

Seigneur : oui, je vous le répète , réjouissez- vous en lui. Que votre modestie soit connue de tous les hommes : le Sei- gneur est proche. Ne vous inquiétez de rien ; mais en quelque état que vous soyez, présentez vos demandes à Dieu par des supplications et des priè- res accompagnées d'ac- tions de grâces, et que la paix de Dieu qui sur- passe tout entendement, garde vos cœurs et vos pensées en Jésus-Christ. Du reste, mes frères, que tout ce qui est vrai , tout ce qui est juste , tout ce qui est saint, tout ce qui est aimable , tout ce qui est honorable , en un mot tout ce qui appartient à la vertu , aux bonnes œuvres , soit l'objet de vos pensées. Faites ce que je vous ai enseigné et transmis, et ce que je vous ai dit , et que vous m'avez vu faire, et la paix de Dieu sera avec vous.

(*Graduel.*) Je vous ai choisi pour faire alliance avec mon peuple, pour réjouir la terre, pour posséder les héritages dispersés, et pour dire à ceux qui sont dans les fers : sortez, et à ceux qui sont dans les ténèbres, soyez éclairés. (*Is. c.* 49.) ℣. La prédication que nous avons faite de l'Évangile n'a pas consisté seulement en des paroles, mais elle a été accompagnée de la vertu des miracles des dons du Saint-Esprit, et d'une grande abondance * de grâces. (*I. Thess. c.* 1.)

Louez Dieu, louez Dieu. ℣. C'est lui qui fut dans l'assemblée avec nos pères, qui reçut la mission de nous transmettre les paroles de vie. Louez Dieu. (*Act. c.* 7.)

(*Après la Septuagésime, au lieu de* l'Alleluia *et du verset, on dit.*)

(*Suite.*) Rendez gloire au Seigneur, et invoquez son nom : annoncez ses œuvres aux nations, chantez ses louanges, publiez ses merveilles, soyez bénis en son saint nom ; réjouissez-vous,

possideres hæreditates dissipatas, et diceres his qui vincti sunt : exite ; et his qui in tenebris, revelamini (*Is. c.* 49.) ℣. Evangelium nostrum non fuit ad vos in sermone tantùm, sed et in virtute, et in spiritu sancto, et in plenitudine multâ. (*I. Thess. c.* 1.)

Alleluia. Alleluia. ℣. Hic est qui fuit in Ecclesiâ cum patribus nostris, qui accepit verba vitæ dare nobis. Alleluia. (*Act. c.* 7.)

(*Post Septuagesimum, omissis* Alleluia *et versu, dicitur.*)

(*Tractus.*) Confitemini Domino, et invocate nomen ejus : annuntiate inter gentes opera ejus. Cantate ei et psallite ei, narrate omnia mirabilia ejus.

Laudamini in nomine ejus : Lætetur cor quærentium Dominum. Quærite Dominum, et confirmamini; quærite faciem ejus semper. Mementote mirabilium ejus quæ fecit, prodigia ejus, et judicia oris ejus. (*Ps.* 104.)

vous qui cherchez le Seigneur : cherchez le Seigneur, et vous serez affermis ; cherchez - le toujours. N'oubliez jamais les choses admirables qu'il a faites, ses prodiges et les jugemens qu'il a prononcés. (*Ps.* 104.)

(*Tempore paschali, loco Gradualis, dicitur*)

(*A Pâques, au lieu du Graduel, on dit*)

Alleluia, Alleluia. ℣. A longinquis vocavi te, et dixi tibi : Servus meus es tu, elegi te. Ne timeas, quia ego tecum sum. (*Is. c.* 41.)

Louez Dieu, louez Dieu. ℣. Je vous ai appelé de bien loin, et je vous ai dit : Vous êtes mon serviteur, je vous ai choisi : Ne craignez rien, je suis avec vous. (*Is. c.* 41.)

Alleluia, Alleluia. ℣. Usquè ad mortem certa pro justitià, et Deus expugnabit pro te inimicos tuos. Alleluia. (*Eccli. c.* 4.)

Louez Dieu, louez Dieu. ℣. Combattez jusqu'à la mort pour la défense de la justice, Dieu combattra pour vous vos ennemis. (*Eccli. c.* 4.)

Sequentia sancti Evangelii secundùm Lucam. (Cap. 10.)

Evangile selon Saint Luc. Chap. 10.

In illo tempore dicebat Jesus discipulis

En ce tems-là, Jésus dit à ses disciples : La

moisson est abondante et il y a peu d'ouvriers, priez donc le maître de la moisson qu'il y envoie des ouvriers. Allez : je vous envoie comme des agneaux parmi des loups. Ne portez ni sac, ni besace, ni chaussure, et ne saluez personne en chemin. Dans toutes les maisons où vous entrerez, dites : La paix soit dans cette maison, et s'il s'y trouve quelque enfant de paix, votre paix reposera sur lui ; sinon, elle retournera sur vous, restez cependant dans cette même maison, mangeant et buvant ce qu'on vous offrira : car tout ouvrier doit obtenir sa récompense. N'allez pas de maison en maison, et dans quelque ville que vous entriez; si on vous reçoit, mangez ce qu'on vous servira : guérissez les malades qui s'y trouvent, et dites-leur : Le règne du Seigneur est proche.

suis : messis quidem multa, operarii autem pauci. Rogate ergo Dominum messis, ut mittat operarios in messem suam. Ite : ecce ego mitto vos sicut agnos inter lupos. Nolite portare sacculum, neque peram, neque calceamenta, et neminem per viam salutaveritis. In quamcumque domum intraveritis, primùm dicite : Pax huic domui : et si ibi fuerit filius pacis, requiescet super illum pax vestra; sin autem, ad vos revertetur. In eâdem autem domo manete, edentes et bibentes quæ apud illos sunt : dignus est enim operarius mercede suâ. Nolite transire de domo in domum. Et in quamcumque civitatem intraveritis, et susceperint vos, manducate quæ apponuntur vobis : et curate infirmos, qui in illâ sunt, et dicite illis : Appropinquavit in vos regnum Dei.

(*Non dicitur* Credo.)

(*Offertorium.* Quæsierunt me qui antè non interrogabant : invenerunt qui non quæsierunt me : dixi : Ecce ego, ad gentem, quæ non invocabat nomen meum. (*Tempore paschali*, Alleluia.) (*Is. c.* 65.)

Secreta. Multiplica super nos, Domine, misericordiam tuam, et Beati Privati memoriam recolentibus da cor docile, et robur invictum, ut in omni opere et sermone bono conversantes, dignum percipiamus fructum ex ejus imitatione, qui, per Evangelium, nos genuit in Christo Jesu, Filio tuo, Domino nostro, qui tecum vivit, etc.

(*On ne dit pas le* Credo.)

(*Offertoire.*) Auparavant on ne se mettait pas en peine de me connaître, et déjà on est venu vers moi : ceux qui ne me cherchaient pas m'ont trouvé. J'ai dit : Me voici chez ce peuple qui n'invoquait pas mon nom. (*Au tems de Pâques.* Louez Dieu.) (*Is. c.* 65.)

Secrète. Multipliez sur nous, Seigneur, les dons de votre miséricorde, et donnez à ceux qui honorent la mémoire du bienheureux S. Privat, un cœur docile et une force invincible, afin que, pratiquant de bonnes œuvres, et fidèles à votre loi, nous recueillions en l'imitant des fruits dignes de celui qui, par l'Evangile, nous engendra en Jésus-Christ, votre fils, notre Seigneur, qui vit avec vous, etc.

(*Préface de S. Privat,* *page* 120.)

(*Communion.*) Je ne crains rien : je ne regarde point cette vie périssable comme digne d'être comparée au bonheur qui m'est destiné; je désire seulement de finir ma course et d'accomplir le ministère de la parole que j'ai reçu de Jésus, mon Dieu. (*Au tems de Pâques.* Louez Dieu.) (*Act. c.* 20.)

(*Postcommunion.*) Que les prières de tous ceux qui sont dans la tribulation arrivent jusqu'à vous, Seigneur : faites que nos cœurs s'enflamment du feu sacré de votre amour, que vous êtes venu répandre sur la terre, et que, par votre charité, s'empressa d'allumer en nous, le saint Pasteur qui, aidé par le secours de votre grâce et à force de travaux, sema parmi nous la parole de la foi, et la rendit féconde en mourant pour son Dieu : ô vous qui régnez et vivez avec Dieu le père, etc.

(*Præfatio de sancto Privato, p.* 120.)

(*Communio.*) Nihil vereor, nec facio animam meam pretiosiorem quàm me, dummodo consummem cursum meum, et ministerium verbi, quod accepi à Domino Jesu. (*Tempore paschali,* Alleluia.) (*Act. c.* 20.)

(*Postcommunio.*) Ascendant ad te, Domine, preces de quâcumque tribulatione clamantium, et fac ut corda nostra illo tui amoris igne ardeant, quem venisti mittere in terram et quem, urgente caritate tuâ, in nobis accendi curavit Pastor bonus qui, ope gratiæ tuæ adjutus, verbum fidei inter nos multo labore seminavit, et fuso sanguine fecundavit; qui vivis et regnas cum Deo Patre, etc.

CHAPITRE VII.

PRIÈRES PENDANT LA SAINTE MESSE, ET VÊPRES DU DIMANCHE.

Au commencement de la Messe.

Faites-moi la grâce, ô mon Dieu! d'entrer dans les dispositions où je dois être pour vous offrir dignement, par les mains du prêtre, le sacrifice redoutable auquel je vais assister. Je vous l'offre en m'unissant aux intentions de Jésus-Christ et de son Eglise, 1° pour rendre à votre divine majesté l'hommage souverain qui lui est dû; 2° pour vous remercier de tous vos bienfaits; 3° pour vous demander avec un cœur contrit la rémission de mes péchés; 4° Enfin, pour obtenir tous les secours qui me sont nécessaires pour le salut de mon âme et la vie de mon corps. J'espère de vous toutes ces grâces par les mérites de Jésus-Christ votre Fils, qui veut bien être lui-même le prêtre et la victime de ce sacrifice adorable.

Au Confiteor.

Quoique pour connaître mes péchés, ô mon Dieu! vous n'ayez pas besoin de ma confession, et que vous lisiez dans mon cœur toutes mes iniquités, je vous les confesse néanmoins à la face du ciel et de la terre ; j'avoue que je vous ai offensé par mes pensées, par mes paroles et par mes actions. Mes péchés sont grands, mais vos miséricordes sont infinies. Ayez compassion de moi, ô mon Dieu ! souvenez-vous que je suis votre enfant, l'ouvrage de vos mains, le prix de votre sang.

Vierge sainte, anges du ciel, saints et saintes du paradis, priez pour nous ; et pendant que nous gémissons dans cette vallée de misères et de larmes, demandez grâce pour nous, et nous obtenez le pardon de nos péchés.

A l'Introït.

Seigneur, qui avez inspiré aux patriarches et aux prophètes des désirs si ardens de voir descendre votre Fils unique sur la terre, donnez-moi quelque portion de cette sainte ardeur, et faites que, malgré les embarras de cette vie mortelle, je ressente en moi un saint empressement de m'unir à vous.

Au Kyrie eleison.

Je vous demande, ô mon Dieu ! par des gémissemens et des soupirs réitérés, que vous me fassiez miséricorde ; et, quand je vous dirais à tous les momens de ma vie : *Seigneur, ayez pitié de moi,* ce ne serait pas encore assez pour le nombre et pour l'énormité de mes péchés.

Au Gloria in excelsis.

La gloire que vous méritez, ô mon Dieu! ne vous peut être dignement rendue que dans le ciel : mon cœur fait néanmoins ce qu'il peut sur la terre au milieu de son exil : il vous loue, il vous bénit, il vous adore, il vous glorifie, il vous rend grâces et vous reconnaît pour le Saint des saints, et pour le seul Seigneur souverain du ciel et de la terre, en trois personnes, Père, Fils et Saint-Esprit.

Aux Oraisons.

Recevez, Seigneur, les prières qui vous sont adressées pour nous; accordez-nous les grâces et les vertus que l'Eglise votre épouse vous demande par la bouche du prêtre en notre faveur. Il est vrai que nous ne méritons pas d'être exaucés; mais considérez que nous vous demandons ces grâces par Jésus-Christ votre Fils, qui vit et règne avec vous dans tous les siècles des siècles. Ainsi soit-il.

Pendant l'Epître.

Je regarde cette épître, ô mon Dieu! comme une lettre qui me vient du Ciel pour m'apprendre vos volontés adorables. Accordez-moi, s'il vous plaît, la force dont j'ai besoin pour accomplir ce que vous m'ordonnez. C'est vous, Seigneur, qui avez inspiré aux prophètes et aux apôtres les vérités qu'ils nous ont laissées par écrit ; faites-moi part de leurs lumières, et allumez en mon cœur ce feu sacré dont ils ont été embrasés, afin que, comme eux, je vous aime et je vous serve sur la terre tous les jours de ma vie.

*A l'*Evangile.

Je me lève, ô souverain législateur, pour vous montrer que je suis prêt à défendre, aux dépens de tous mes intérêts et de ma vie même, les grandes vérités qui sont contenues dans le saint Evangile. Donnez-moi, Seigneur, autant de force pour accomplir votre divine parole, que vous m'inspirez de fermeté pour la croire.

Pendant le Credo.

Oui, mon Dieu, je crois toutes les vérités que vous avez révélées à votre sainte Eglise ; il n'y en a pas une seule pour laquelle je ne voulusse donner mon sang ; et c'est en cette entière soumission que, m'unissant intérieurement à la profession de foi que le prêtre vous fait, je dis à présent d'esprit et de cœur, comme il vous le dit de vive voix, que je crois fermement en vous et à tout ce que l'Eglise croit. Je proteste à la face de vos autels que je veux vivre et mourir dans les sentimens de cette foi pure, et dans le sein de l'Eglise catholique, apostolique et romaine.

*A l'*Offertoire.

Quoique je ne sois qu'une créature mortelle et pécheresse, je vous offre, par les mains du prêtre, ô vrai Dieu vivant et éternel! ce pain et ce vin, qui doivent être changés au corps et au sang de Jésus-Christ, votre Fils. Recevez, Seigneur, ce sacrifice ineffable en odeur de suavité, et souffrez que j'unisse à cette oblation sainte le sacrifice que je vous fais de mon corps, de mon ame et de tout ce qui m'appartient. Changez-moi, ô mon Dieu, en une nouvelle créature, comme vous allez changer, par votre puissance, ce pain et ce vin.

Au Lavabo.

Lavez-moi, Seigneur, dans le sang de l'Agneau qui va vous être immolé, et purifiez jusqu'aux moindres souillures de mon ame, afin qu'en m'approchant de votre saint autel, je puisse élever vers vous des mains pures et innocentes, comme vous me l'ordonnez.

Pendant la Secrète.

Recevez, ô mon Dieu! le sacrifice qui vous est offert pour l'honneur et la gloire de votre saint nom, pour notre propre avantage, et pour celui de votre sainte Église. C'est pour entrer dans ses intentions que je vous demande toutes les grâces qu'elle vous demande maintenant par le ministère du prêtre, auquel je m'unis pour les obtenir de votre divine bonté, par Jésus-Christ notre Seigneur.

A la Préface.

Détachez-nous, Seigneur, de toutes les choses d'ici-bas, élevez nos cœurs vers le Ciel, attachez-les à vous seul, et souffrez qu'en vous rendant les louanges et les actions de grâces qui vous sont dues, nous unissions nos faibles voix aux concerts des esprits bienheureux, et que nous disions dans le lieu de notre exil ce qu'ils chantent dans le séjour de la gloire : *Saint, saint, saint est le Seigneur, le Dieu des armées ; qu'il soit glorifié au plus haut des Cieux !*

Après le Sanctus.

Père éternel, qui êtes le souverain Pasteur des pasteurs, conservez et gouvernez votre Eglise ; sanctifiez-la et répandez-la par toute la terre ; unissez tous ceux qui la composent dans un même esprit et en un même cœur ; bénissez notre saint père le pape, notre prélat, notre roi, notre pasteur, et tous ceux qui sont dans la foi de votre Eglise.

Au premier Memento.

Je vous supplie, ô mon Dieu ! de vous souvenir de mes parens, de mes amis, de mes bienfaiteurs spirituels et temporels. Je vous recommande aussi de tout mon cœur les personnes desquelles je pourrais avoir reçu quelque mauvais traitement : oubliez leurs péchés et les miens ; donnez-leur part aux mérites de ce divin sacrifice, et comblez-les de vos bénédictions en ce monde et en l'autre.

*A l'*Elévation de la sainte Hostie.

O Jésus, mon Sauveur ! vrai Dieu et vrai homme, je crois fermement que vous êtes réellement présent dans la sainte hostie. Je vous y adore de tout mon cœur comme mon Seigneur et mon Dieu. Donnez-moi, et à tous ceux qui sont ici présens, la foi, la religion et l'amour que nous devons avoir pour vous dans ce mystère adorable.

*A l'*Elévation du Calice.

J'adore en ce calice, ô mon divin Jésus ! le prix de ma rédemption et de celle de tous les hommes. Laissez couler, Seigneur, une goutte de ce sang adorable sur mon ame, afin de la purifier de tous ses péchés, et de l'embraser du feu sacré de votre amour.

*Après l'*Elévation.

Ce n'est plus du pain et du vin, c'est le corps adorable et le précieux sang de Jésus-Christ votre Fils que nous vous offrons, ô mon Dieu ! en mémoire de sa passion, de sa résurrection et de son ascension : recevez-les, Seigneur, de nos mains, et remplissez-nous de vos grâces.

Au second Memento.

Souvenez-vous aussi, Seigneur, des âmes qui sont dans le purgatoire; elles ont l'honneur de vous appartenir et d'être vos épouses. Je vous recommande particulièrement celles de mes parens, de mes amis et de mes bienfaiteurs spirituels et temporels, et celles qui ont le plus besoin de prières.

Au Pater.

Quoique je ne sois qu'une misérable créature, cependant, grand Dieu, je prends la liberté de vous appeler mon Père, puisque vous le voulez. Faites-moi la grâce, ô mon Dieu! de ne point dégénérer de la qualité de votre enfant, et ne permettez pas que je fasse jamais rien qui en soit indigne. Que votre saint nom soit sanctifié par tout l'univers. Régnez dès à présent dans mon cœur par votre grâce, afin que je puisse régner éternellement avec vous dans la gloire, et faire votre volonté sur la terre, comme les saints la font dans le Ciel. Vous êtes mon Père, donnez-moi donc, s'il vous plaît, ce pain céleste dont vous nourrissez vos enfans. Pardonnez-moi, comme je pardonne de bon cœur, pour l'amour de vous, à tous ceux qui m'auraient offensé, et ne permettez pas que je succombe jamais à aucune tentation; mais faites que, par le secours de votre grâce, je triomphe de tous les ennemis de mon salut.

*A l'*Agnus Dei.

Agneau de Dieu, qui avez bien voulu vous charger des péchés du monde, ayez pitié de nous ; nos péchés sont innombrables ; mais vos miséricordes sont infinies : effacez donc nos péchés, et donnez-nous la paix avec nous-mêmes et avec notre prochain, en nous inspirant une profonde humilité, et en étouffant en nous tout désir de vengeance.

Au Domine, non sum dignus.

Hélas ! Seigneur, il n'est que trop vrai que je ne mérite pas de vous recevoir ; je m'en suis rendu tout-à-fait indigne par mes péchés. Je les déteste de tout mon cœur, parce qu'ils vous déplaisent et qu'ils m'éloignent de vous. Une seule de vos paroles peut guérir mon ame, ne l'abandonnez pas, ô mon Dieu ! et ne permettez pas qu'elle soit jamais séparée de vous.

A la Communion du Prêtre.

Si je n'ai pas aujourd'hui le bonheur d'être nourri de votre chair adorable, ô mon aimable Jésus ! souffrez au moins que je vous reçoive d'esprit et de cœur, et que je m'unisse à vous par la foi, par l'espérance et par la charité. Je crois en vous, ô mon Dieu ! j'espère en vous, et je vous aime de tout mon cœur.

Quand le Prêtre ramasse les particules de l'Hostie.

La moindre partie de vos grâces est infiniment précieuse, ô mon Dieu ! je l'ai dit, je ne mérite pas d'être assis à votre table comme votre enfant ; mais permettez-moi au moins de ramasser les miettes qui en tombent, comme la Chananéenne le désirait : faites que je ne néglige aucune de vos inspirations, puisque cette négligence pourrait vous obliger à m'en priver entièrement.

Pendant les dernières Oraisons.

Vous voulez, Seigneur, que nous vous adressions sans cesse nos prières, parce que nous avons toujours besoin de vos grâces : répandez-les sur nous, et donnez-nous cet esprit de prières qui est un esprit d'humilité, de confiance et d'amour : nous vous en supplions par Jésus-Christ votre Fils qui règne avec vous dans la gloire.

Avant la Bénédiction.

Très-sainte et très-adorable Trinité, Père, Fils et Saint-Esprit, qui êtes un seul et vrai Dieu en trois personnes, c'est par vous que nous avons commencé ce sacrifice, c'est par vous que nous le finissons ; ayez-le pour agréable, et ne nous renvoyez pas sans nous avoir donné votre sainte bénédiction.

Pendant le dernier Evangile.

Verbe éternel, par qui toutes choses ont été faites, et qui, vous étant fait homme pour l'amour de nous, avez institué cet auguste sacrifice, nous vous remercions très-humblement de nous avoir fait la grâce d'y assister aujourd'hui. Que tous les anges et les saints vous louent à jamais dans le Ciel. Pardonnez-moi, ô mon Dieu! la dissipation où j'ai laissé aller mon esprit, et la froideur que j'ai sentie en mon cœur dans un tems où il devait être tout occupé de vous et tout embrasé d'amour pour vous. Oubliez, Seigneur, mes péchés, pour lesquels Jésus-Christ votre Fils vient d'être immolé sur cet autel; ne permettez pas que je sois assez malheureux pour vous offenser davantage; mais faites que, marchant dans les voies de la justice, je vous regarde sans cesse comme la règle et la fin de toutes mes pensées, de toutes mes paroles et de toutes mes actions.

Ainsi soit-il.

VÊPRES DU DIMANCHE.

Deus, in adjutorium, etc.
Domine, ad adjuvandum me festina.
Gloria Patri, etc.

PSAUME 109.

Dixit Dominus Domino meo : sede à dextris meis.

Donec ponam inimicos tuos : scabellum pedum tuorum.

Virgam virtutis tuæ emittet Dominus ex Sion : dominare in medio inimicorum tuorum.

Tecum principium in die virtutis tuæ, in splendoribus sanctorum : ex utero antè luciferum genui te.

Juravit Dominus et non pœnitebit eum : tu es sacerdos in æternum, secundùm ordinem Melchisedech.

Dominus à dextris tuis : confregit in die iræ suæ reges.

Judicabit in nationibus, implebit ruinas : conquassabit capita in terrâ multorum.

De torrente in viâ bibet : propterea exaltabit caput.

Gloria Patri, etc.

Ant. Dixit Dominus Domino meo : sede à dextris meis.

PSAUME 110.

Confitebor tibi, Domine, in toto corde meo : in concílio justorum et congregatione.

Magna opera Domini : exquisita in omnes voluntates ejus.

Confessio et magnificentia opus ejus : et justitia ejus manet in seculum seculi.

Memoriam fecit mirabilium suorum misericors et miserator Dominus : escam dedit timentibus se.

Memor erit in seculum testamenti sui : virtutem operum suorum annuntiabit populo suo.

Ut det illis hæreditatem gentium : opera manuum ejus veritas et judicium.

Fidelia omnia mandata ejus, confirmata in seculum seculi : facta in veritate et æquitate.

Redemptionem misit populo suo : mandavit in æternum testamentum suum.

Sanctum et terribile nomen ejus ; initium sapientiæ timor Domini.

Intellectus bonus omnibus facientibus eum ; laudatio ejus manet in seculum seculi.

Gloria Patri, etc.

Ant. Fidelia omnia mandata ejus, confirmata in seculum seculi.

PSAUME 111.

Beatus vir qui timet Dominum ; in mandatis ejus volet nimis.

Potens in terrâ erit semen ejus ; generatio rectorum benedicetur.

Gloriá et divitiæ in domo ejus ; et justitiá ejus manet in seculum seculi.

Exortum est in tenebris lumen rectis ; misericors et miserator et justus.

Jucundus homo qui miseretur et commodat, disponet sermones suos in judicio ; quia in æternum non commovebitur.

In memoriâ æternâ erit justus ; ab auditione malâ non timebit.

Paratum cor ejus sperare in Domino, confirmatum est cor ejus : non commovebitur, donec despiciat inimicos suos.

Dispersit, dedit pauperibus, justitia ejus manet in seculum seculi : cornu ejus exaltabitur in gloriâ.

Peccator videbit et irascetur, dentibus suis fremet et tabescet : desiderium peccatorum peribit.

Gloria patri, etc.

Ant. Qui timet Dominum, in mandatis ejus cupit nimis.

PSAUME 112.

Laudate, pueri, Dominum : laudate nomen Domini.

Sit nomen Domini benedictum : ex hoc nunc et usquè in seculum.

A solis ortu usquè ad occasum : laudabile nomen Domini.

Excelsus super omnes gentes Dominus : et super cœlos gloria ejus.

Quis sicut Dominus Deus noster, qui in altis

habitat : et humilia respicit in Cœlo et in terrâ?

Suscitans à terrâ inopem : et de stercore erigens pauperem.

Ut collocet eum cum principibus : cum principibus populi sui.

Qui habitare facit sterilem in domo : matrem filiorum lætantem. Gloria Patri, etc.

Ant. Sit nomen Domini benedictum in secula.

PSAUME 113.

In exitu Israel de Ægypto : domûs Jacob de populo barbaro.

Facta est Judæa sanctificatio ejus : Israel potestas ejus.

Mare vidit et fugit : Jordanis conversus est retrorsùm.

Montes exultavérunt ut arietes : et colles sicut agni ovium.

Quid est tibi, mare, quod fugisti? et tu Jordanis, quia conversus es retrorsùm?

Montes, exultâstis sicut arietes : et colles sicut agni ovium?

A facie Domini mota est terra : à facie Dei Jacob.

Qui convertit petram in stagna aquarum : et rupem in fontes aquarum.

Non nobis, Domine, non nobis : sed nomini tuo da gloriam, super misericordiâ tuâ et veritate tuâ.

Nequando dicant gentes : ubi est Deus eorum?

Deus autem noster in Cœlo : omnia quæcumque voluit, fecit.

Simulacra gentium argentum et aurum : opera manuum hominum.

Os habent, et non loquentur : oculos habent, et non videbunt.

Aures habent, et non audient : nares habent, et non odorabunt.

Manus habent, et non palpabunt, pedes habent, et non ambulabunt : non clamabunt in gutture suo.

Similes illis fiant qui faciunt ea : et omnes qui confidunt in eis.

Domus Israel speravit in Domino : adjutor eorum, et protector eorum est.

Domus Aaron speravit in Domino : adjutor eorum et protector eorum est.

Qui timent Dominum, speraverunt in Domino : adjutor eorum et protector eorum est.

Dominus memor fuit nostrî : et benedixit nobis.

Benedixit domui Israel : benedixit domui Aaron.

Benedixit omnibus qui timent Dominum : pusillis cum majoribus.

Adjiciat Dominus super vos : super vos et super filios vestros.

Benedicti vos à Domino : qui fecit Cœlum et terram.

Cœlum Cœli Domino : terram autem dedit filiis hominum.

Non mortui laudabunt te, Domine : neque omnes qui descendunt in infernum.

Sed nos qui vivimus, benedicimus Domino :
ex hoc nunc et usquè in seculum.

Gloria Patri , etc.

Ant. Nos qui vivimus, benedicimus Domino.

CAPITULE. *Ephes.* 1.

Benedictus Deus , et Pater Domini nostri
Jesu Christi, qui benedixit nos in omni bene-
dictione spirituali in cœlestibus in Christo, sicut elegit nos ipse antè mundi constitutionem,
ut essemus sancti et immaculati in conspectu
ejus in charitate.

HYMNE.

O luce qui mortalibus
Lates inaccessâ , Deus,
Præsente quo sancti tremunt ,
Nubuntque vultus angeli.

Hic, ceu profundâ conditi
Demergimur caligine :
Æternus at noctem sùo
Fulgore depellet dies.

Hunc nempè nobis præparas ,
Nobis reservas hunc diem ,
Quem vix adumbrat splendida
Flammantis astri claritas.

Moraris heu ! nimis diù
Moraris optatus dies ,
Ut te fruamur noxii
Linquenda moles corporis :

His cum soluta vinculis
Mens evolârit, ô Deus,
Viderė te, laudare te,
Amare te non desinet.

Ad omne nos apta bonum,
Fœcunda donis Trinitas ;
Fac lucis usuræ brevi
Æterna succedat dies.
Amen.

CANTIQUE DE LA SAINTE VIERGE. *Luc.* 1.

Magnificat : anima mea Dominum,

Et exultavit spiritus meus ; in Deo salutari meo.

Quia respexit humilitatem ancillæ suæ : ecce enim ex hoc beatam me dicent omnes generationes.

Quia fecit mihi magna qui potens est : et sanctum nomen ejus.

Et misericordia ejus à progenie in progenies : timentibus eum.

Fecit potentiam in brachio suo : dispersit superbos mente cordis sui.

Deposuit potentes de sede : et exaltavit humiles.

Esurientes implevit bonis : et divites dimisit inanes.

Suscepit Israel puerum suum : recordatus misericordiæ suæ.

Sicut locutus est ad patres nostros : Abraham et semini ejus in secula. Gloria Patri, etc.

Antiennes et *Oraisons* analogues.

CHAPITRE VIII.

CHEMIN DE LA CROIX,

APPELÉ COMMUNÉMENT

VIA CRUCIS.

LE PRÊTRE.

O Crux, ave, spes unica !

Mundi salus et gloria :

Auge piis justitiam,

Reisque dona veniam.

Je vous salue, ô Croix sainte, mon unique espérance, la gloire et le salut du monde : que les justes trouvent en vous une augmentation de sainteté, et les pêcheurs, le pardon de leurs péchés.

LE PEUPLE.

Vive Jésus ! vive sa Croix !
Oh ! qu'il est juste que je l'aime,
Puisqu'en expirant sur ce bois
Il nous aima plus que lui-même !
Disons donc tous à haute voix :
Vive Jésus ! vive sa Croix !

PRIÈRE PRÉPARATOIRE

QUE L'ON DOIT FAIRE AU MAITRE-AUTEL.

O Jésus, notre aimable sauveur! nous voici humblement prosternés à vos pieds, afin d'implorer votre divine miséricorde pour nous et pour les ames des fidèles qui sont morts. Daignez nous appliquer à tous les mérites infinis de votre sainte passion, que nous allons méditer. Faites que dans cette voie de soupirs et de larmes où nous entrons, nos cœurs soient tellement contrits et repentans, que nous embrassions avec joie toutes les contradictions, les souffrances et les humiliations de cette vie.

Et vous, ô divine Marie! qui la première nous avez enseigné à faire le CHEMIN DE LA CROIX, obtenez de l'adorable Trinité qu'elle daigne accepter, en réparation de tant d'injures qui lui sont faites, les affections de douleur et d'amour dont l'esprit vivificateur nous favorisera pendant ce saint exercice.

(En partant de l'Autel, deux Chantres entonnent le Cantique suivant):

AIR : *Vous qui voyez couler mes larmes.*

Suivons, sur la montagne sainte,
Notre Sauveur sanglant, défiguré,
Et marchons après lui sans crainte,
Sous le poids (*bis*) de l'arbre sacré.

Le peuple chante ensuite la strophe suivante :

Sancta Mater, istud agas,	Mère sainte, daignez opérer en moi ce prodige,
Crucifixi fige plagas,	imprimez fortement dans mon cœur les plaies de
Cordi meo validè.	Jésus crucifié.

Les Chantres reprennent :

Seigneur, malgré votre innocence,
C'est moi, cruel, qui vous livre au trépas.
Se peut-il que votre vengeance
De ses traits (*bis*) ne m'accable pas.

LE PEUPLE.

Sancta Mater ; etc.   Mère sainte, etc.

PREMIÈRE STATION.

℣. Adoramus te, Christe, et benedicimus tibi.

℟. Quia per sanctam Crucem tuam redemisti mundum.

℣. Nous vous adorons, ô Jésus ! et nous vous bénissons.

℟. Parce que vous avez racheté le monde par votre sainte Croix.

Jésus est condamné à mort.

Considérons la soumission admirable de Jésus, lorsqu'il reçoit cette injuste sentence, et tâchons de bien nous persuader que ce ne fut pas seulement Pilate qui le condamna, mais nous tous ici présens, et tous les pécheurs de l'univers qui demandaient sa mort. Disons-lui donc, pénétrés de la plus vive douleur :

O adorable Jésus ! puisque ce sont nos crimes qui vous ont conduit au trépas, faites que nous les détestions de tout notre cœur, afin que notre repentir et notre pénitence nous obtiennent pardon et miséricorde.

Pater noster, etc.	Notre Père, etc.
Ave, Maria, etc.	Je vous salue, Marie, etc.
Gloria Patri, etc.	Gloire au Père, etc.
℣. Miserere nostrî, Domine.	℣. Ayez pitié de nous, Seigneur.
℟. Miserere nostrî.	℟. Ayez pitié de nous.
℣. Fidelium animæ per misericordiam Dei requiescant in pace.	℣. Que par la miséricorde de Dieu, les ames des fidèles trépassés reposent en paix.
℟. Amen.	℟. Ainsi soit-il.

Les Chantres, en allant à la station suivante :

Hélas, sous cette Croix pesante,
Divin Agneau, vous portez nos péchés :
C'est sur votre chair innocente
Que l'amour (*bis*) les tient attachés.

LE PEUPLE.

Sancta Mater, etc.	Mère sainte, etc.

DEUXIÈME STATION.

℣. Adoramus te, Chris-te, et benedicimus tibi.

℣. Nous vous adorons, ô Jésus, et nous vous bénissons;

℟. Quia per sanctam Crucem tuam redemisti mundum.

℟. Parce que vous avez racheté le monde par votre sainte Croix.

Jésus est chargé de sa Croix.

Considérons avec quelle douceur notre divin Maître reçoit sur ses épaules meurtries et ensanglantées le terrible instrument de son supplice. C'est ainsi qu'il veut nous enseigner à porter notre Croix, en acceptant avec la plus grande résignation les maux qui nous sont envoyés du Ciel, ou qui nous viennent de la part de créatures.

O doux Jésus! ce n'était point à vous à porter cette Croix, puisque vous étiez innocent, mais à nous, misérables pécheurs, chargés de toutes sortes d'iniquités. Donnez-nous donc la force de vous imiter, en supportant sans murmurer les revers et les disgrâces de cette vie, qui, dans l'ordre de votre Providence paternelle, doivent être pour nous l'occasion de satisfaire à votre justice et le moyen d'arriver à la céleste patrie.

Pater noster, etc.   Notre Père, etc.

LES CHANTRES.

O Ciel! le Dieu de la nature
Tombe affaibli sous son cruel fardeau!
Et sa perfide créature
Sans pitié (*bis*) devient son bourreau.

LE PEUPLE.

Sancta Mater, etc.   Mère sainte, etc.

TROISIÈME STATION.

♥. Adoramus te, Chris-
te, et benedicimus tibi.

♥. Nous vous adorons,
ô Jésus! et nous vous
bénissons.

℞. Quia per sanctam
Crucem tuam redemisti
mundum.

℞. Parce que vous avez
racheté le monde par vo-
tre sainte Croix.

Jésus tombe sous le poids de sa Croix.

Considérons Jésus-Christ entré dans la route
du Calvaire. Le sang qu'il avait répandu dans
la flagellation et le couronnement d'épines l'a
tellement affaibli, qu'il tombe sous son pesant
fardeau, et ne se relève qu'après les outrages
les plus sanglans qu'il endure sans témoigner
aucun sentiment d'indignation. Voilà comment
il a voulu expier toutes nos chutes, et nous
apprendre à nous relever par les austérités de

la pénitence, quand nous avons eu le malheur de tomber dans l'abîme du péché.

O bon Jésus! tendez-nous une main secourable, au milieu de tant de dangers auxquels nous sommes exposés. Daignez nous fortifier dans nos faiblesses, afin qu'après vous avoir suivi courageusement sur le Calvaire, nous puissions y goûter les fruits délicieux de l'arbre de vie, et devenir éternellement heureux avec vous.

Pater noster, etc.   Notre Père, etc.

LES CHANTRES.

Où allez vous, divine Mère ?
Où allez-vous, Marie ? ah ! je frémis :
Bientôt, sur ce triste Calvaire
Va mourir (*bis*) votre aimable Fils.

LE PEUPLE.

Sancta Mater, etc.   Mère sainte, etc.

QUATRIÈME STATION.

℣. Adoramus, te Christe, et benedicimus tibi.

℣. Nous vous adorons, ô Jésus ! et nous vous bénissons.

℟. Quia per sanctam Crucem tuam redemisti mundum.

℟. Parce que vous avez racheté le monde par votre sainte Croix.

Jésus rencontre sa très-sainte Mère.

Considérons combien il fut douloureux pour ce divin Fils, de voir cette mère chérie dans des circonstances si cruelles, et pour Marie, de voir son aimable Fils traîné inhumainement par une troupe de scélérats, au milieu d'un peuple innombrable qui le charge d'injures. A cette vue, son cœur maternel est percé de mille glaives et est livré à toutes les angoisses. Elle voudrait délivrer notre Sauveur et l'arracher des mains de ses bourreaux ; mais elle sait qu'il faut que notre salut s'opère ainsi. Unissant donc le sacrifice de son amour à celui de son Fils, elle partage toutes ses souffrances, et s'attache à lui jusqu'au dernier soupir.

O Marie ! Mère de douleur ! obtenez-nous cet amour ardent avec lequel vous accompagnâtes Jésus-Christ sur la montagne sainte, et cette fermeté que vous fîtes paraître au pied de la Croix, afin que nous y demeurions constamment avec vous, et que rien ne puisse jamais nous en séparer.

Pater noster, etc.   Notre Père, etc.

LES CHANTRES.

Puisque c'est moi qui suis coupable,
Retirez-vous, faible Cyrénéen,
Je veux seul, ô Croix adorable !
Vous porter (*bis*) mais en vrai Chrétien.

LE PEUPLE.

Sancta Mater, etc.　　　Mère sainte, etc.

CINQUIÈME STATION.

℣. Adoramus te, Christe, et benedicimus tibi.

℟. Quia per sanctam Crucem tuam redemisti mundum.

℣. Nous vous adorons, ô Jésus ! et nous vous bénissons.

℟. Parce que vous avez racheté le monde par votre sainte Croix.

Simon le Cyrénéen aide Jésus à porter sa Croix.

Considérons la grande bonté de Jésus-Christ envers nous. S'il permet qu'on l'aide à porter sa Croix, ce n'est pas qu'il manque de force, étant celui qui soutient l'univers ; mais il veut nous enseigner à unir nos souffrances aux siennes, et à partager avec lui son calice d'amertume.

O Jésus ! notre Maître, vous en avez bu le plus amer, et vous ne nous en avez laissé que la plus petite partie. Ne permettez pas que nous soyions assez ennemis de nous-mêmes pour la refuser. Faites, au contraire, que nous l'acceptions volontiers, afin de nous rendre dignes de participer aux torrens de délices dont vous enivrez vos élus dans la terre des vivans.

Pater noster, etc.   Notre Père, etc.

LES CHANTRES.

Seigneur, hélas ! qu'est devenue
Votre beauté qui réjouit les Saints ?
Faibles mortels, à cette vue,
Serez-vous (*bis*) endurcis et vains ?

LE PEUPLE.

Sancta Mater, etc.   Mère sainte, etc.

SIXIÈME STATION.

℣. Adoramus te, Christe, et benedicimus tibi.

℣. Nous vous adorons, ô Jésus ! et nous vous bénissons.

℟. Quia per sanctam Crucem tuam redemisti mundum.

℟. Parce que vous avez racheté le monde par votre sainte Croix.

Une femme pieuse essuie la face de Jésus-Christ.

Considérons l'action héroïque de cette sainte femme, qui s'avance à travers la foule des soldats pour voir son divin Maître. Elle l'aperçoit tout couvert de crachats, de poussière, de sueur et de sang. Un tel spectacle attendrit

10 *

son ame jusqu'aux larmes, et son amour la mettant au dessus de toute crainte, elle s'approche de Jésus, essuie ce visage défiguré, cette auguste face qui ravit tous les Saints, devant laquelle les Anges se couvrent de leûrs ailes, ne pouvant en soutenir l'éclat.

O Jésus! le plus beau des enfans des hommes, en quel état vous a réduit votre amour pour nous! Non, jamais vous n'avez été plus digne de nos adorations et de nos hommages. Nous vous adorons donc, et, prosternés devant votre divine Majesté, nous vous supplions d'oublier toutes nos offenses, et de rendre à notre ame son ancienne beauté, qu'elle a perdue par le péché.

Pater noster, etc.   Notre Père, etc.

LES CHANTRES.

Sous les coups des bourreaux perfides,
Jésus-Christ tombe une seconde fois,
    Et ces infâmes déicides
    Le voudraient (*bis*) déjà sur la Croix.

LE PEUPLE.

Sancta Mater, etc.   Mère sainte, etc.

SEPTIÈME STATION.

℣. Adoramus te, Christe, et benedicimus tibi,

℣. Nous vous adorons, ô Jésus ! et nous vous bénissons.

℟. Quia per sanctam Crucem tuam redemisti mundum.

℟. Parce que vous avez racheté le monde par votre sainte Croix.

Jésus tombe à terre pour la seconde fois.

Considérons l'Homme-Dieu succombant de rechef. Contemplons cette sainte victime étendue par terre sous le faix horrible du bois de son sacrifice, exposée de nouveau à la cruauté des soldats et de ses meurtriers. C'est encore pour nous donner des preuves de son amour infini, que Jésus-Christ permet cette seconde chute. Il veut aussi nous montrer par là que, retombant si souvent dans le péché, nous ne devons néanmoins jamais perdre confiance, mais tout espérer de sa miséricorde ; et qu'au milieu des plus grandes afflictions, il ne faut pas se laisser aller au découragement ; que la voie du Ciel est semée de ronces et d'épines ; que, pour être glorifié, il faut auparavant passer par le creuset des souffrances.

O Jésus notre force ! préservez-nous de toute rechute, et ne permettez pas que nous ayons le malheur, en nous perdant, de rendre inutiles tant de fatigues et de peines que vous avez endurées pour nous délivrer de la mort éternelle.

Pater noster, etc.

Notre Père, etc.

LES CHANTRES.

Ne pleurez point sur mes souffrances ;
Pleurez sur vous, ô filles d'Israël !
Afin que le Dieu des vengeances
Ait pour vous (*bis*) un cœur paternel.

LE PEUPLE.

Sancta Mater, etc.

Mère sainte, etc.

HUITIÈME STATION.

℣. Adoramus te, Christe, et benedicimus tibi.

℣. Nous vous adorons, ô Jésus ! et nous vous bénissons.

℟. Quia per sanctam Crucem tuam redemisti mundum.

℟. Parce que vous avez racheté le monde par votre sainte Croix.

Jésus console les filles d'Israël qui le suivent.

Admirons ici la générosité incomparable de Jésus-Christ. Il oublie, pour ainsi dire, ses propres souffrances, afin de ne s'occuper que de celles des saintes femmes, et de leur procurer les consolations dont elles avaient besoin dans le grand abattement où son état déplorable les avait jetées. En leur recommandant de ne point pleurer sur lui, mais plutôt sur elles-mêmes et sur leur perfide patrie, il nous a fait sentir que son cœur serait peu sensible à notre compassion, si nous ne commencions par pleurer nos péchés, qui sont la seule cause de ses douleurs.

O aimable Jésus! vrai consolateur des ames affligées, daignez jeter sur nous des regards de tendresse et de miséricorde : faites-nous la grâce de vous accompagner constamment dans le Chemin de la Croix, avec les filles de Jérusalem, afin d'y entendre, comme elles, des paroles de vie, et d'y jouir de vos ineffables consolations.

Pater noster, etc.   Notre Père, etc.

LES CHANTRES.

Seigneur, vous tombez de faiblesse,
N'êtes-vous plus le Dieu puissant et fort?
C'est le péché qui vous oppresse.
Et conduit (bis) vos pas à la mort.

LE PEUPLE.

Sancta Mater, etc.   Mère sainte, etc.

NEUVIÈME STATION.

℣. Adoramus te, Christe, et benedicimus tibi.

℣. Nous vous adorons, ô Jésus ! et nous vous bénissons.

℟. Quia per sanctam Crucem tuam redemisti mundum.

℟. Parce que vous avez racheté le monde par votre sainte Croix.

Jésus tombe pour la troisième fois.

Considérons l'adorable Jésus arrivé au sommet du Calvaire. Il jette alors ses regards sur le lieu où il va bientôt être sacrifié à la fureur de ses ennemis. Ce qui l'occupe en ce moment, ce sont nos chutes sans fin, et l'inutilité de son sang pour le grand nombre des pécheurs. Cette pensée cruelle le consterne et afflige son tendre cœur, plus que tous les supplices qu'il doit encore souffrir. Elle jette son ame dans une profonde tristesse et dans un si cruel abattement, que ses forces venant à lui manquer comme dans son agonie, il se laisse aller la face contre terre.

O Jésus ! victime d'amour, voici donc que vous allez être immolé pour le salut des hommes. Daignez nous appliquer les mérites de votre sacrifice dans le tems, afin que nous puissions vous offrir celui de nos louanges pendant l'éternité.

Pater noster, etc.   Notre Père, etc.

LES CHANTRES.

Venez, et déployez vos ailes,
Anges du ciel, sur votre Créateur :
Voilez ses blessures cruelles,
Et ce corps (*bis*) brisé de douleur.

LE PEUPLE.

Sancta Mater, etc.   Mère sainte, etc.

DIXIÈME STATION.

℣. Adoramus, te Christe, et benedicimus tibi.

℣. Nous vous adorons, ô Jésus ! et nous vous bénissons.

℟. Quia per sanctam Crucem tuam redemisti mundum.

℟. Parce que vous avez racheté le monde par votre sainte Croix.

Jésus est dépouillé de ses vêtemens.

Considérons combien fut grande la douleur de Jésus-Christ, lorsque les bourreaux lui arrachèrent ses habits. Toutes les plaies qu'il avait reçues, et qui avaient collé sa robe contre sa chair sacrée, se rouvrirent en ce moment, pour lui faire souffrir à la fois tous les tourmens de la flagellation. Mais ce qui lui fut encore bien plus sensible, c'était de se voir exposé tout nu à la vue d'une foule immense de spectateurs.

O Jésus! divin Agneau, vous voilà donc parvenu au lieu de votre supplice, sans que vous ayez ouvert la bouche pour vous plaindre! Ah! que votre silence est éloquent et énergique! Avec quelle force ne nous prêche-t-il pas la nécessité de réprimer nos impatiences et nos murmures! Vous vous laissez encore dépouiller de vos vêtemens, pour expier le malheur que nous avons eu de perdre le don précieux de la grâce. Daignez donc nous le faire recouvrer, et nous dépouiller entièrement du vieil-homme, afin que nous ne vivions plus que selon les sentimens de votre cœur adorable.

Pater noster, etc.   Notre Père, etc.

LES CHANTRES.

Que faites-vous, peuple barbare ?
Vous allez donc consommer vos forfaits ?
Ce bois est le lit qu'on prépare
A Jésus (*bis*), pour tant de bienfaits!

LE PEUPLE.

Sancta Mater, etc.   Mère sainte, etc.

ONZIÈME STATION.

℣. Adoramus te, Christe, et benedicimus tibi.

℟. Quia per sanctam Crucem tuam redemisti mundum.

℣. Nous vous adorons, ô Jésus ! et nous vous bénissons.

℟. Parce que vous avez racheté le monde par votre sainte Croix.

Jésus est attaché à la Croix.

Considérons Jésus-Christ s'offrant à ses bourreaux pour être crucifié, et s'étendant lui-même sur l'arbre de la Croix. Quel tourment ne dut-il pas endurer, dans le tems que les coups de marteaux enfonçaient les clous dans ses pieds et dans ses mains adorables ! Alors sa chair se déchire, ses os se brisent, ses nerfs se froissent, ses veines se rompent ; le sang coulant à grands flots, épuise ses forces et ajoute à de si horribles supplices celui de la soif la plus ardente.

O péché ! maudit péché ! c'est toi qui fus la cause de cette mer de douleur dans laquelle nous contemplons la victime de notre salut. Ah, Chrétiens ! quel excès d'amour ! quelle immense charité ! Qu'à cette vue nos cœurs se déchirent et s'embrasent ! Qu'ils renoncent à tous les plaisirs de la terre ! Qu'ils soient sans cesse crucifiés avec celui de Jésus, et que nos yeux versent jour et nuit des torrens de larmes!

Pater noster, etc.   Notre Père, etc.

LES CHANTRES.

Le soleil, à ce crime horrible,
Voile l'éclat de son front radieux;
Et la créature insensible
Ne peut voir (*bis*) ce spectacle odieux.

LE PEUPLE.

Sancta Mater, etc.   Mère sainte, etc.

———

DOUZIÈME STATION.

℣. Adoramus te, Christe, et benedicimus tibi.

℣. Nous vous adorons, ô Jésus! et nous vous bénissons.

℟. Quia per sanctam Crucem tuam redemisti mundum.

℟. Parce que vous avez racheté le monde par votre sainte Croix.

Jésus meurt sur la Croix.

Considérons Jésus, le Dieu de toute sainteté, expirant entre deux scélérats, et admirons la douceur et la force de son amour. Il demande à son Père le pardon de ses bourreaux; il promet sa gloire au bon larron; il recommande sa Mère au Disciple bien-aimé ; il remet son ame entre les mains de son Père ; il annonce que tout est consommé, et il expire pour nous. Dans le même instant, toutes les créatures publient sa divinité. La nature entière s'attriste, et semble vouloir s'anéantir en voyant expirer son Créateur.

O pécheurs ! n'y aura--t-il que vous qui demeurerez insensibles à ce spectacle si attendrissant ! Jetez un regard sur votre Sauveur ; voyez l'état affreux où vos crimes l'ont réduit. Il vous pardonne cependant, si votre repentir est sincère : il a ses pieds attachés, pour vous attendre ; ses bras étendus, pour vous recevoir ; son côté ouvert et son cœur blessé, pour répandre sur vous toutes ses grâces ; sa tête penchée, pour vous donner le baiser de paix et de réconciliation. Accourons donc tous auprès de sa Croix, et mourons pour lui, puisqu'il est mort pour nous.

Pater noster, etc.   Notre Père, etc.

LES CHANTRES.

Le voilà donc, Mère affligée ;
Ce tendre Fils, meurtri, sacrifié ;
Votre victime est immolée,
Votre amour (*bis*) est crucifié.

LE PEUPLE.

Sancta Mater, etc.   Mère sainte, etc.

TREIZIÈME STATION.

℣. Adoramus te, Chris-
te, et benedicimus tibi..

℣. Nous vous adorons,
ô Jésus ! et nous vous
bénissons.

℟. Quia per sanctam
Crucem tuam redemisti
mundum.

℟. Parce que vous avez
racheté le monde par vo-
tre sainte Croix.

*Jésus est déposé de la Croix et remis à sa
Mère.*

Considérons la douleur extrême de cette
tendre Mère après la mort de Jésus, son divin
Fils. Elle reçoit ce précieux dépôt entre ses
bras ; elle contemple son visage pâle, sanglant
et défiguré : elle voit ses yeux éteints, sa bouche fermée, son côté ouvert, ses mains et ses
pieds percés. Cette vue est pour elle un martyre ineffable, et dont Dieu seul peut connaître tout le prix.

O Marie ! c'est nous qui sommes la cause de
votre affliction, et ce sont nos péchés qui ont
transpercé votre ame en attachant Jésus-Christ
à la Croix. Daignez, ô Mère de miséricorde !
obtenir notre pardon, et nous permettre d'a-
dorer dans vos bras notre amour crucifié. Im-
primez tellement dans nos ames les douleurs
que vous ressentîtes au pied de la Croix, que
nous n'en perdions jamais le souvenir.

Pater noster, etc.   Notre Père, etc.

LES CHANTRES.

Près de cette tombe chérie,
Je veux mourir de douleur et d'amour,
Pour y puiser une autre vie,
Et voler (*bis*) au divin séjour.

LE PEUPLE.

Sancta Mater, etc.   Mère sainte, etc.

QUATORZIÈME STATION.

℣. Adoramus te, chris-te, et benedicimus tibi.

℣. Nous vous adorons, ô Jésus ! et nous vous bénissons.

℟. Quia per sanctam Crucem tuam redemisti mundum.

℟. Parce que vous avez racheté le monde par votre sainte Croix.

Jésus est mis dans le sépulcre.

Voici donc Jésus, notre cher Rédempteur, voici donc où repose votre corps adorable, le précieux gage de notre salut ! Faites que notre plus grande consolation, dans cette vallée de larmes, soit de nous occuper des supplices et de la mort ignominieuse que vous avez endu-rée pour nous racheter. Et parce que vous n'avez voulu être placé dans un sépulcre nou-

veau, que pour nous faire connaître que c'é-
tait avec un nouveau cœur que nous devions
nous rapprocher de vous dans le Sacrement
de votre amour, daignez nous purifier de toutes nos taches, et nous rendre dignes de nous
asseoir souvent à votre sacré banquet. Ense-
velissez dans ce même tombeau toutes nos iniquités et nos convoitises, afin que, mourant
à nos passions et à toutes les choses d'ici-bas,
pour mener avec vous une vie cachée en Dieu,
nous méritions de faire une fin heureuse, et
de vous contempler à découvert dans la splendeur de votre gloire.

Pater noster, etc.   Notre Père, etc.

(En retournant à l'Autel.)

LES CHANTRES.

Seigneur, dans mon ame attendrie
Gravez les maux qu'on vous a fait souffrir,
Et vous, ô divine Marie!
Hâtez-vous (*bis*) de nous secourir.

LE PEUPLE.

Sancta Mater, etc.   Mère sainte, etc.

———

Le Clergé étant de retour au Sanctuaire,
celui qui préside chante les versets et les
oraisons suivans :

℣. Adoramus te, Christe, et benedicimus tibi.

℣. Nous vous adorons, ô Jésus ! et nous vous bénissons.

℟. Quia per sanctam Crucem tuam redemisti mundum.

℟. Parce que vous avez racheté le monde par votre sainte Croix.

℣. Ora pro nobis, Virgo dolorosissima.

℣. Priez pour nous, Vierge des douleurs.

℟. Ut digni efficiamur promissionibus Christi.

℟. Afin que nous soyons dignes des promesses de Jésus-Christ.

℣. Signâsti, Domine, tuum servum Franciscum,

℣. Seigneur, vous avez marqué votre serviteur S. François,

℟. Signis redemptionis nostræ.

℟. Des signes de notre rédemption.

℣. Oremus pro Pontifice nostro N.

℣. Prions pour notre Pontife N.

℟. Dominus conservet eum et vivificet eum, beatum faciat eum in terrâ, et non tradat eum in animam inimicorum ejus.

℟. Que le Seigneur le conserve, le visite, le rende heureux sur la terre, et qu'il ne le livre pas à la puissance de ses ennemis.

℣. Oremus pro fidelibus defunctis.

℣. Prions pour les fidèles défunts.

℟. Requiem æternam dona eis, Domine, et lux perpetua luceat eis.

℟. Seigneur, donnez-leur le repos éternel, et qu'ils soient éclairés de la lumière qui ne s'éteint jamais.

OREMUS.

Respice, quæsumus, Domine, super hanc familiam tuam, pro quâ Dominus noster Jesus Christus non dubitavit manibus tradi nocentium, et Crucis subire tormentum.

Domine Jesu Christe, Fili Dei vivi, qui horâ sextâ, pro redemptione mundi, crucis patibulum ascendisti, et sanguinem tuum pretiosum in remissionem peccatorum nostrorum fudisti; te humiliter deprecamur, ut post obitum nostrum, januam paradisi nos gaudentes introïre concedas.

Interveniat pro nobis, quœsumus, Domine Jesu Christe, nunc et in horâ mortis nostræ, apud tuam clementiam, beata Virgo Maria mater tua, cujus sacratissimam animam in horâ tuæ Passionis, doloris gladius pertransivit.

ORAISON.

Daignez, Seigneur, nous vous en conjurons, jeter un regard de miséricorde sur cette famille pour laquelle Jésus-Christ n'a pas hésité de se livrer entre les mains de ses bourreaux, et de subir le supplice de la Croix.

O Jésus! Fils du Dieu vivant, qui, à la sixième heure, avez été attaché à la Croix pour la Rédemption du monde, et avez répandu votre sang précieux pour la rémission de nos péchés, nous vous supplions en toute humilité, qu'après notre mort nous soyons admis dans le séjour de la gloire.

Que la bienheureuse Vierge Marie votre Mère, dont la très-sainte ame fut percée d'un glaive de douleur au moment de votre Passion, veuille bien intercéder pour nous, maintenant et à l'heure de notre mort, nous vous en supplions, ô Seigneur Jésus!

Domine Jesu Christe, qui, refrigescente mundo, ad inflammandum corda nostra tui amoris igne, in carne Beatissimi Francisci, Passionis tuæ sacra stigmata renovâsti : concede propitiùs, ut ejus meritis et precibus, crucem jugiter feramus, et dignos fructus pœnitentiæ faciamus.

Mon Seigneur Jésus-Christ, qui, voyant le relâchement des Chrétiens, et pour allumer dans nos cœurs le feu de votre divin amour, avez renouvelé les plaies de votre Passion sur le corps du bienheureux S. François, accordez-nous, s'il vous plaît, par les mérites et les prières de ce grand Saint, la grâce de porter toujours notre Croix, et de faire de dignes fruits de pénitence.

Omnipotens sempiterne Deus, miserere famulo tuo Pontifici nostro N..., et dirige eum secundùm tuam clementiam in viam salutis œternæ; ut, te donante, tibi placita cupiat, et totâ virtute perficiat.

O Dieu tout-puissant et éternel! ayez pitié de votre serviteur notre Pontife N..; dirigez-les, selon votre clémence, dans la voie du salut éternel, afin que, par vos dons, il fasse ce qui vous est agréable, et qu'il parvienne à la perfection des vertus.

Deus veniæ largitor, et humanæ salutis amator, quœsumus clementiam tuam, ut nostræ Congregationis fratres, propinquos et benefactores, qui ex hoc seculo transierunt, Beatâ Mariâ semper Virgine inter-

O Dieu! qui aimez à pardonner, et qui désirez le salut des hommes, nous supplions votre miséricorde, et nous vous prions, par l'intercession de Marie toujours Vierge et de tous les Saints, de faire parvenir à la

cedente, cum omnibus Sanctis tuis, ad perpetuæ beatitudinis consortium pervenire concedas. Per Dominum nostrum Jesum Christum, etc.

béatitude éternelle nos associés, nos frères, nos parens, nos amis, nos bienfaiteurs défunts; nous vous en prions par N. S. J. C., qui vit et règne, etc.

Les Chantres entonnent trois fois et posément :

Parce, Domine, parce populo tuo.

Pardonnez, Seigneur, pardonnez à votre peuple.

Les assistans répondent trois fois :

Ne in æternum irascaris nobis.

Ne soyez pas éternellement irrité contre nous.

Les Chantres, à haute voix et posément :

Pie Jesu, Domine, dona eis requiem.

Jésus, plein de miséricorde, donnez aux ames des fidèles trépassés le repos.

Les Assistans :

Sempiternam.

Eternel.

Le premier Chantre demande la bénédiction à haute voix :

Jube, domine, benedicere.

Seigneur, daignez nous bénir,

Le Prêtre qui préside, étant debout :

Benedicat nos Dominus noster Jesus Christus, qui pro nobis flagellatus est, Crucem portavit et fuit crucifixus.

℞. Amen.

Que Notre Seigneur Jésus-Christ, qui a été flagellé pour nous, qui a porté sa Croix et qui a été crucifié pour nous, nous bénisse tous.

℞. Ainsi soit-il.

Le Prêtre qui préside, après avoir fait une profonde inclination à la Croix, monte à l'Autel pour la prendre ; et, la tenant en main, il donne la bénédiction sans rien dire.

Il récite ensuite cinq *Pater* et cinq *Ave*.

FIN.

TABLE
DES CHAPITRES ET DES MATIÈRES.

12

FIN DE LA TABLE.

EVÊCHE DE MENDE.

CLAUDE-JEAN-JOSEPH BRULLEY DE LA BRU-NIERE, par la grâce de Dieu et du Saint Siége apostolique, Evêque de Mende;

Après avoir lu et attentivement examiné le livre intitulé : *Vie de S. Privat, Martyr, premier Evêque et Patron du Gévaudan, diocèse de Mende*, par M. l'abbé Rabeyrolle, notre vicaire-général, dont le zèle, les lumières et les vertus sont connus de tous nos diocésains, nous avons la douce confiance que cet ouvrage produira d'heureux fruits de salut parmi le troupeau qui nous est confié.

Nous en approuvons donc la publication, et nous exhortons bien instamment tous nos diocésains à en faire souvent l'objet de leurs lectures et à se tenir fidèlement sous la protection de ce glorieux Patron et puissant protecteur de notre diocèse.

Donné à Mende, en notre Palais épiscopal, sous notre seing, le sceau de nos armes et le contre-seing du Secrétaire de notre Evêché, le 25 juin 1837.

† CL. J. J., Ev. de Mende.

Par Mandement de Monseigneur l'Evêque de Mende,

CHAPELLE, Chan. Secrét.

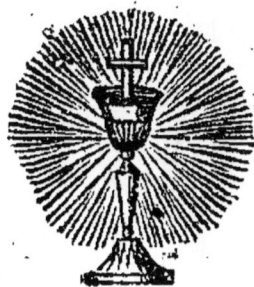

www.ingramcontent.com/pod-product-compliance
Lightning Source LLC
Chambersburg PA
CBHW070623100426
42744CB00006B/589